2016年 대한민국 대표강사 22人
비젼(Vision)

편저 : 사단법인 국민성공시대

도서출판 성공시대

2016年 대한민국 대표강사 22人

비전(Vision)

편저 : 사단법인 국민성공시대

강나경	공병호	김용진	박세준	박종태
서재균	서필환	소재학	심재평	용산원종
유대원	이보규	이상헌	이영대	임용택
장원석	정상근	주경일	최갑도	최용균
최현숙	한광일			

도서출판 성공시대

머 리 말

꿈과 희망과 성공을 심어 주기 위하여 각 분야에서 활동하시는 모든 분께 감사 말씀드립니다.

2016年 대한민국 대표강사 22人의 [비전(Vision)]은 이 시대가 요구하는 비전을 주제로 자신의 강의를 진솔하게 저술하여 많은 이들에게 비전과 성공에 대해 다시 한 번 생각할 수 있는 계기를 마련해줄 것으로 생각합니다.

저희 사단법인 국민성공시대(지식경제부 제2008-42호)는 대한민국이 세계 일류 국가로 진입하기 위하여 꼭 필요한 성공한 사람들의 경험과 노하우를 찾아내어 널리 알리고 있습니다.

그리고 이분들의 경험과 산지식을 산업체 및 국민들에게 전파하여 경쟁력을 높이고 국민 모두가 행복하고 성공하도록 하는 데 일조하고자 합니다.

성공한 사람들의 경험과 지식을 DB화하여 온·오프라인 홍보와 지식 리더의 경험과 노하우 콘텐츠를 개발하는 일과 각 분야의 전문가를 초청하여 노하우를 습득하는 성공아카데미 사업 등을 하고 있습니다. 그 연장 선상으로 각 분야에서 성공하신 대표강사 22인을 선정하여 본 저서를 발간하게 된 것입니다.

2016年 대한민국 대표강사 22人의 [비전(Vision)]을 발행하기 위하여 추천제를 도입하였고, 선별에 많은 고심과 자료 찾기 등 수많은 수고와 노력을 하였습니다.

또한 선별에는 성별 고려, 분야 고려, 지역 안배, 연령 고려 등을 감안하였습니다. 나름대로 앞서 가시는 대표강사님들이 배제되었을 수도 있음을 인정하면서 차후 제작 시 고려하여 반영하도록 하겠습니다.

본 법인의 취지와 사업에 공감하고 본 법인의 사업내용을 이해하시는 대표강사님들의 적극적인 참여로 책이 나오게 됨을 감사드리며, 다 함께 행복하고 성공하는 국민성공시대를 만들기 위해 최선을 다하겠습니다. 감사합니다.

2016년 12월

사단법인 국민성공시대

사무총장 윤 현

목 차

6

나의 소박한 비전

강나경 대표

Profile

- 프랑스 파리 8대학 박사과정 수료, 프랑스 EVRY 대학교 사회학 박사
- 前) 경희대학교 국제 캠퍼스 체육학부 교수
- 現) 이미지 메이킹 & 행복소통 아카데미 대표
- 現) 사단법인 한국여가레크리에이션 협회 부회장
- 現) 고려대학교 평생교육원 '글로벌 매너와 이미지 메이킹' 강좌 대표강사
- 現) 대한민국 국회나눔CEO 최고위과정 지도교수
- 저서 : 생활예절과 이미지 메이킹(도서출판 공동체) 외 다수

나의 소박한 비전

이미지 메이킹 & 행복소통 아카데미 대표 **강 나 경**

　외국어인 비전(Vision)은 사전적으로는 '미래에 대한 구상, 미래 상', '보는 행위 또는 능력', '보는 감각', '꿰뚫어보는 힘', '마음의 시력' 등을 뜻합니다. 또 상상력, 선견, 통찰력으로 번역되기도 하고, '광경, 상상도, 미래도'와 같이 보이는 모습의 의미를 담고 있기도 합니다.

　비전(Vision)은 우리 일상생활 속에서 많이 사용되고 있지만 우리말로 딱 꼬집어 옮기기가 쉽지 않습니다.

굳이 우리말과 비교해서 쉽게 표현한다면 '꿈'이나 '사명'이라는
단어에 가장 근접합니다. '목표, 목적, 소명, 소망, 소원, 목표설정'
과 비슷한 뜻으로 이해될 수도 있습니다.

동양적으로 바라본다면 '삶의 철
학, 사상, 가치관, 좌우명,' '혼, 신
념, 신조, 의지, 믿음, 정신'이라는
뜻도 담겨져 있습니다. 구어체에
서는 '어떤 사람의 됨됨이, 미래성,
발전 가능성'으로 사용되기도 합니다.

**비전은 목적을 달성해가는 과정에서 끊임없이 지침을 제공
하는 영속적인 것입니다.** 목표는 달성하고 나면 끝납니다. 그러
나 비전은 미래의 행동을 위한 뚜렷한 방향을 제시하고 새로운 목
표를 설정하도록 도와줍니다.

많은 사람들이 목표만 있고 비전이 없는 경우가 많습니다. 목표
는 그것을 성취하고 나면 또다시 새로운 목표를 수립해서 도전하
면 됩니다. 하지만 비전은 내 삶에서 영원한 생명력을 가지고 있습
니다.

본 장에서는 필자 개인의 소박한 비전에 대해 말씀드리겠습니다.
필자의 비전을 말씀드리기 위해선 대학교부터 지금까지의 활동을

정리해 보겠습니다.

어려서는 막연하게 학교 선생님이 되겠다는 생각을 했기 때문에 대학교에서 교직 과목을 이수하여 '교사 자격증'을 취득했습니다. 그 당시에는 교사가 되기 위한 특별한 시험이 없었기 때문에 교사 자격증만 있으면 교사가 될 수 있었는데 불행하게도 나의 전공교사 자리가 서울에는 없었기 때문에 포기할 수밖에 없었습니다.

우연하게 삼성생명의 전신인 동방생명에서 레크리에이션 강의가 예정된 선생님을 따라가서 보조 진행을 하게 되었습니다. 대학 다닐 때 3년 동안 '레크리에이션 동아리'에서 활동 경력이 있었기 때문에 보조 강사의 역할을 할 수가 있었습니다.

보조 강사인 저에게 행운이 따랐습니다. 동방생명 교육부 과장님께서 만 4년을 동방생명 연수교육에 레크리에이션 전임강사로 투입시켜 주셨습니다.

만 4년을 동방생명에서 활동하다 보니 한국의 우수기업체에서 강의 요청이 뒤따랐습니다. 기업체 레크리에이션 강사로 대단한 활약을 하면서 대학원 진학도 했습니다.

한국에 최초로 서일대학에 '레크리에이션학과'가 생겼는데 시간 강사 2명을 채용한다는 공고를 보고 지원했습니다.

필자는 당당하게 합격이 되어 한 학기 수업을 잘 끝냈는데, 남편이 조선일보사 파리 특파원으로 발령이 나는 바람에 눈물을 머금고 남편 근무지인 프랑스로 갈 수밖에 없게 되었습니다.

프랑스 가서 공부를 해야겠다는 욕심이 생겨 한국에서 불어 독선생님을 모시고 공부하고 학원도 다니고 또 파리에 가서 1년 동안 대학 부속기관에서 프랑스어를 공부하고, 파리 8대학 사회학과 박사과정에 입학하게 되었습니다.

'여가사회학' 전공 박사과정을 수료할 즈음에 박사과정 지도교수가 스위스 로잔대학으로 자리를 옮기는 바람에 지도교수를 따라갈 수가 없었기 때문에 할 수 없이 지도교수가 소개한 프랑스 EVRY 대학 사회학과에서 '한국인의 여가의식'이란 논문으로 사회학 박사학위를 취득하게 되었습니다.

귀국 후에 박사학위가 있었기 때문에 모 대학교에 교수로 자리를 잡게 되었습니다. 그러나 여러 가지 사정으로 자리 잡은 대학교에 근무할 수 없는 사정이 생기기 시작해서 약 4년 동안 일터를 옮기기 위해 미리 준비를 했습니다. 주말마다 문화센터의 여러 강좌를 들으면서 나의 적성에 맞는 분야를 찾기 시작했습니다.

여러 분야 중, '이미지 메이킹' 분야가 가장 적성에 잘 맞았습니다. 사람의 외적 이미지도 중요하지만 내적인 성숙함을 위한 내적 이미지 형성이 매우 중요하게 생각되었기 때문에 집중적으로 공부를 하다 보니 여러 분야를 확장해서 공부하게 되었습니다.

이미지, 매너 등을 공부하다 보니, 한국인의 품격과 매너에 대해서 끊임없는 회의에 봉착하게 되었습니다. GDP가 11위인 한국은 아직도 길거리에 가래침을 뱉는 사람이 있고, 음식점에서 큰소리로 대화를 하고, 버스 안이나 메트로 안에서 큰소리로 전화 통화를 하고, 의자에 다리 쫙 벌려 앉고, 버스 안에서 껌을 딱딱 소리 내어 씹고, 길거리에서 몸을 부딪쳐도 사과의 말도 없이 지나가고 등등 이러한 사람들을 볼 때마다 마음이 아팠습니다.

프랑스에서 사는 동안 프랑스인의 생활 매너에 대해 살피게 되었습니다. 동네나 시내에서 남자들은 여름이어도 짧은 바지 차림과 슬리퍼와 샌달을 신지 않고, 공공장소에서 조용히 기다릴 줄 아는 차분함과 음식점에서 물 한잔 갖다 줘도 고맙다는 말을 잊지 않고 하고, 어느 장소이든 문을 열고 갈 때는 뒷사람에 대해 배려를 하고, 길을 물어보면 정성스럽게 가르쳐 주고, 남에게 폐를 끼치지 않으려 노력하고, 연세 드신 분들은 메트로 안에서 거의 책을 본다는 사실 등등이 매우 인상적이었습니다.

어느 날, 신문을 보는데 '60세가 넘으면 이 세상에 내가 무엇을

남기고 갈 것인가를 고민해야 한다.'는 글을 읽고, 나는 이 세상에 무엇을 남기고 갈 것인가를 고민하다가 '한국인의 품격'을 끌어올리는 데 사명감을 가져야겠다

는 각오를 한 후에 '생활 예절과 이미지 메이킹' 책을 집필하게 되었습니다. 다행히 각 대학교에서 교양 과목으로 필자의 책을 교재로 꾸준하게 사용해줘서 고마운 마음입니다.

그러나 끊임없는 갈망이 있었습니다. 저자 직강으로 대학 교양 과목으로 '생활 예절과 이미지 메이킹'에 관한 강의를 하고 싶었습니다. 기회는 오지 않았습니다. 그러다가 고려대학교 평생교육원에서 올 봄에 '글로벌 매너와 이미지 메이킹' 강좌, 대표강사로 강의하게 되어서 가을 학기에도 성심껏 강의에 임하고 있습니다.

고대 평생교육원에서 '글로벌 매너와 이미지 메이킹' 강의하면서 더욱 더 한국인의 품격에 대해 문제점들을 찾게 되었습니다.

세상은 넓어져 가고 있습니다. 이에 발맞춰서 이제 우리도 '국격(國格)'를 생각할 때가 되었습니다. 국격을 높이기 위해서는 국민 개개인의 품격(品格)을 높이는 일이 우선입니다.

그러기 위해서는 학교교육, 사회교육을 통해서 끊임없이 글로벌 매너와 이미지 메이킹 교육이 이루어져야만 합니다. 이러한 교육을 시키기 위한 지도자도 많이 배출시켜야 됨은 당연한 일이겠지요.

나의 또 하나의 꿈이 있다면 결혼하고자 하는 커플에게 '아빠답고 엄마다운 부모'가 되기 위해 결혼 전에 정부차원에서 교육을 시켜 교육 이수증이 있는 커플에게만 혼인신고를 할 수 있도록 법적·제도적인 장치가 있었으면 하는 바람입니다. 그렇게 된다면 자녀들이 매우 바람직하게 그리고 행복하게 성장해 나갈 수 있으리라 확신합니다.

부모 교육을 시키기 위해서는 많은 전문 강사들을 양성해야 합니다. 바람직한 결혼 생활을 위한 교육은 자녀를 다 키운 분들이 교육시켜야 교육 효과가 좋기 때문에 60  대 이후의 사람들에게 보람된 취업의 장을 펼칠 수가 있게 됩니다.

오프라 윈프리가 '운이란 준비가 기회를 만나는 것'이라고 했습니다. 또한 '준비된 자에게 기회가 온다.'라고 일컫습니다.

비전이란 단어를 접하면서 일찍이 20대, 30대, 40대, 50대, 60대, 70대, 80대의 비전을 확실하게 계획해서 철저하게 준비하고 실행했으면 얼마나 좋았을까 하는 아쉬움이 남았습니다.

물론, 인생이란 살아가는 게 아니라 살아지는 게 인생이기 때문에 의지대로 잘 안되었겠지만, 그래도 좀 더 큰 비전을 가지고 살았다면 지금보다는 더욱 빛난 나의 삶이 되었을텐데... 하는 아쉬움을 가지며 소박한 나의 비전을 마칩니다.

'비전'을 세우고
우직하게 걸어가는 지혜

공병호 소장

Profile

- 2000. 01 ~ 2000. 02 재단법인 자유기업원 초대원장
- 2002. 04 ~ 2012. 06 교보생명주식회사 사외이사
- 2012. 05 ~ 현재 포니정(Pony Chung) 재단 이사
- 2001. 10 ~ 현재 공병호경영연구소 소장

'비전'을 세우고
우직하게 걸어가는 지혜

공병호경영연구소 소장 **공 병 호**

"자기 강점과 능력에 맞는 뜻을 세우고 우직하게 한 길을 가다
보면 하나하나 길이 열리는 것이 인생이지 않겠는가!" 하지만 조급
하게 뭔가를 성취하라고 부추기는 시대 분위기 속에서 길을 잃어
버리는 사람들이 많다. 소음이 지나치게 많은 시대를 '비전'을 세
우고 우직하게 걸어가는 지혜에 대해 살펴본다.

2016년 대한민국 대표강사 22인

#1.

"좀 불편한 길 그리고 남과 다른 길을 가면 되지 않는가?" 살면서 이따금 통념이나 고정관념을 뒤집어 보게 된다. 세상 사람들이 왼쪽으로 가면 '왜, 내가 왼쪽으로 가야 하는가?'라는 질문을 던져 보게 된다. 한 여름은 모두 휴가를 가야 한다고 생각한다. 그런데 "꼭 여름에는 산이나 바다로 휴가를 가야 하는 것일까?"라는 질문을 던져볼 수 있다.

지난 여름의 무더위는 동원참치로 유명한 동원그룹 창업한 한 인물의 평전을 쓰는데 꼬박 투자하여 820쪽이나 되는 대작을 완성한 바가 있다. 보통 책의 두 권 분량인 책이다. 여름이 앞으로 가는지 아니면 뒤로 가는지를 모를 정도로 집중적으로 일을 추진한 경험이 있다. 올 여름은 무척 덥다고 한다. 하지만 나는 더운지 얼마나 더운지를 모를 정도로 한 여름을 나고 있다. 이번 여름도 한국 현대사의 굴곡을 온 몸으로 안고 살아낸 한 인물과 그 인물이 살았던 시대와 사랑에 빠졌기 때문이다.

모든 것은 생각하기 나름이다. 어려우면 어려운 데로 쉬우면 쉬운 데로 어떻게 생각하는 가에 따라 세상의 일들이나 사람은 너무 다르게 보인다. 지금을 기준으로 생각하면 고통스러운 경험조차 약간 다르게 바라보기만 해도 고통이 기쁨으로 바뀔 수 있다. 어떤 사람에게 불편과 고생스러운 경험이 또 다른 사람에게는 완전히 다른 경험이 될 수도 있다.

한 여름에 정해진 스케줄에 따라 책을 집필해 가는 과정은 엄청난 노력과 집중을 필요로 한다. 마감시간을 두고 자신을 밀어붙이게 되면 자연스럽게 몰입이란 상태가 만들어지게 된다. 몰입은 곧바로 행복의 큰 원천이 되곤 한다. 무더위 속에서도 사람들이 힘들어 할 때라도 집중과 이로 인한 몰입 상태를 경험하는 사람들은 큰 기쁨을 맛볼 수 있다.

나는 젊은 날부터 해야 하는 일에 자신을 집중시킬 수 있는 습관을 만들어 냈다. 그 습관은 거창하게 그것을 만들려고 해서 만들어 낸 것은 아니다. 자신에게 주어진 일 때로는 찾아낸 일은 열심히 하는 것이 몸에 하나 둘 체득되면서 언제 어디서든 자신이 원하면 초집중 상태를 만들어낼 수 있게 되었다. 앞으로 세상은 더욱 빠르게 예측 불가능한 방향으로 달려갈 것이다. 그럼에도 불구하고 한 가지 확실한 것은 세상이 어떻게 전개되든지 간에 스스로 집중 할 수 있는 능력을 갖춘 사람은 항상 세상이 필요로 하는 가치를 만들어 내는 주역이 될 수 있다는 점이다.

편안하게 사는 것을 최고로 치고, 안정한 삶을 최고로 치는 세상에서 집중이니 몰입이니 하는 용어들을 낯설게 느끼는 사람들도 있을 것이다. 그러나 한가하게 보내는 시간이 가져주는 즐거움도 있지만 어떤 일에 빡세게 자신을 몰아붙이면서 갖게 되는 즐거움도 있다. 즐거움 사이에 우열을 가릴 수는 없지만 평범한 집안에서 태어나서 세상에서 자신만의 성채를 구축하기를 원하는 젊은이라면 평안함의 즐거움에 자신을 지나치게 노출 시키지 않아야 한다. 그것은 그냥 흘러가 버리는 것이기 때문이다. 스스로 두 발로 딛고 이 세상에서 한 몫을 하기를 원한다면, 집중과 헌신과 몰입이란 세 단어를 자신의 것으로 만들어야 한다. 선택은 여러분의 몫이다.

#2.

"가벼움과 조급함과 편안함을 부추기는 시대" 다들 묵직한 것을 싫어하고, 빨리 성공하지 못하는 것은 힘들어 한다. 뿐만 아니라 고생해서 뭔가를 이루어내고 이를 위해 참아내는 가치를 크게 인정하지 않는다.

시대가 그 방향으로 흘러가면 다수는 그런 분위기에 편승하는 것을 당연하게 여긴다. 이따금 텔레비전을 볼 때면 먹는 이야기가 아니면 웃기는 이야기가 아니면 달리 뭘 볼 만한 것을 찾을 수가 없는 시대가 되었다. 자본주의는 사람들이 원하는 것을 공급하는 쪽으로 모든 것이 쏠리기 마련이다. 스마트폰을 통해서도 가벼운 콘텐츠를 소비하는 것이 대세를 차지하게 되었다.

필자가 그런 추세에 대해 반대하는 것은 아니다. 우리 모두가 시대에 맞추어서 살아야 하는 존재들이기 때문이다. 그러나 누군가 귀한 시간을 보내고 있다면 한번쯤은 그런 대세를 내가 무작정 따라가는 것이 올바른 것인가를 자문해 볼 수 있어야 할 것이다. 가벼움과 묵직함 사이에서 그리고 조급함과 묵직함 사이에 균형을 잡는 일이 필요하다. 편안함과 불편함 사이에서도 마찬가지다. 세상에 귀한 일치고 가벼움과 조급함과 편안함 속에서 나오는 것이 있을까.

필자가 젊은 날을 보내던 시절과 다르기 때문에 그럴 수도 있을 것이다. 하지만 남이 만들어 놓는 상품이나 서비스를 사용하는 주체로만 살아가는 것이 아니라 남이 필요로 하는 것을 공급할 수 있는 생산 주체로 살아가는 사람은 좀 달라야 할 것이다.

소비하는 주체로 사는데는 깊이 생각하거나 우직하게 뭔가를 열심히 하면서 기다릴 필요는 없다. 그러나 세상에 도움이 되는 아이디어나 상품이나 서비스를 만들어 내는 주역이 되고자 한다면, 묵직함과 기다림과 불편함을 자신의 것으로 만들 수 있어야 할 것이다. 그런데 이런 가치는 이 시대에 크게 박수를 받지 못하고 있는 실정이다.

시대가 변했다고 하지만 필자는 세상에 도움이 되는 귀한 것이라면 묵직함과 기다림과 불편함이 없이 만들어질 수 있는 가를 자문해 보게 된다. 쉽지 않다는 결론을 얻게 된다. 누군가 세상이 꼭 필요한 인재가 되는 문제만 해도 그렇다. 가볍게 조급하게 편안하게 그런 인재가 될 수 있다고 보는가. 엄청난 행운이 함께 한다면 더러는 그런 사람들도 있을 것이다. 하지만 타인이 지속적으로 여러분을 필요로 하는 경우라면 이야기가 달라진다. 참아내고 이겨내고 갈고 닦는 시간이 없다면 자신을 세상에 빛나는 인재로 만들어 낼 가능성은 줄어들 수밖에 없다.

주관을 갖고 자신의 기량을 갈고 닦기 위해 우직하게 나아가는 사람이라면 인생의 어느 시점에서 불편한 시기를 경험할 수밖에 없다. 그들은 이겨내고 참아내고 밀어붙이는 시기를 반드시 필요한 과정이나 기간으로 받아들인다. 주변 사람들은 "왜, 그렇게 사느냐고?" 물을 수도 있다. 그들에게 당당하게 설명해 줄 수 있어야 한다. 삶은 짧을 수도 있지만 한편으로는 부침을 경험하기에는 긴 시간일수도 있다고 말이다. 스스로 자신의 삶을 반석 위에 올려야겠다고 결심한 사람이라면, 세상 다수가 좋아하는 가치에 맞설 수 있어야 한다. 묵직함, 기다림, 불편함을 기꺼이 자신의 한 부분으로 받아들일 수 있을 때 세상에서 우뚝 서는 사람이 될 수 있을 것이다.

#3.

"오래 엎드린 새는 반드시 높이 날며 먼저 핀 꽃은 홀로 먼저 시든다." 이 이치를 알면 발을 헛디딜 근심을 면하고 초조한 마음을 없앨 수 있다. 『채근담』후집 제77장에 나오는 문장이다. 세상은 우리들로 하여금 빨리 성과를 내라고 재촉한다. 속도와 성과가 지배하는 시대에서 빠른 성공이나 성과를 탐하지 않을 수 없다. 그러나 세상의 이치는 그렇지 않다. 아무리 세상이 변했다 하더라도 어떤 분야에서 일가를 이루는 사람이 되는 방법은 과거나 크게 달라진 것이 없다.

오래 엎드린 새가 될 수 있는가? 그런 우직함을 가질 수 있는가? 그런 끈기를 가질 수 있는가? 속도가 지배하는 시대에서 반대 방향으로 달라가기는 쉽지 않다. 주변 사람들에게 이런 이야기를 나눌 때가 있다. "사실 우리가 부모한테서 물려받은 것이 다양하지만, '꾸준히 뭔가를 하는 습관'이나 '해야 하는 일이라면 성실히 하는 습관' 이 두 가지만 제대로 갖추면 어떤 분야에서든 자신을 제대로 세우는 일은 어렵지 않다."

두 가지는 만들어 내는 데 비용이 드는 것은 아니다. 가능한 이른 시점에 "내가 그것을 해야 하겠다."고 결심하고 자주 자주 반복하다 보면 그런 습관들을 만들어 낼 수 있을 것이다. 두 가지를 갖춘 사람들은 언제 어디서든 배움의 기회를 만들어 낼 수 있다. 남들이 모두 다 사소하게 보잘 것 없다고 무시해 버리는 경우에도 학습이나 도전의 기회를 만들어 낼 수 있다.

우직하게 나아가는 사람이나 성실하게 뭔가를 하는 사람들에게는 이런 저런 기회들이 자주 자주 주어지게 된다. 한 가지 기회가 또 다른 기회로 연결되고, 그 기회가 또 다른 기회로 연결되게 된다. 두 가지 습관 위에 인생을 쌓아올리는 젊은이들이 많이 나오길 바란다. 다들 힘들고 어려운 시대라고 낙담하지만 세월이 가고 나면 어려운 시대 속에서도 뚜렷하게 우열이 가리게 된다. 그런 차이를 만들어 내는 원천이 우직함과 성실함이고 생각한다.

나는 물 같이 살고 싶다

김용진 회장

Profile

- 서울교육대학교 교원연수원 겸임교수 / 교육심리학 박사 / 노벨상 후보로 추천
- 前국가안전기획부 교수 / 영재지도교사 교육, 중·고·大學 및 공기업 출강
- 저서 : 초고속전뇌학습법, 속독법 등. 日語, 中語, 英文版 31종
- 국내 : KBS1.KBS2,MBC,SBS,YTN.MTN,MBN,PBS TV보도 및 특강
- 국외 : 日本 NHKTV.후지TV, 中京TV, 中國 CCTV, 美國 CNN TV보도
- 세계전뇌학습아카데미회장 / 세계大백과사전등재(초고속전뇌학습법,속독법)
- 장영실과학문화상, 글로벌新知識人, 신창조인대상, 大韓民國성공대상, 韓國인물대상

나는 물 같이 살고 싶다

세계전뇌학습아카데미 회장 **김 용 진**

인생을 물같이 살면 정말 행복해진다(人生如水眞幸福)

고대 그리스의 철학자 탈레스(Thales)는 '물이 만물의 근원'이라 하여 일원설(一元說)을 주장하였고, 아리스토텔레스(Aristoteles)는 만물의 근원은 땅[地] 물[水] 공기[空氣] 불[火]이라고 하는 사원설(四元說)을 주장할 정도로 인류는 물의 존재를 매우 중요하게 여겨왔다.

물(水)

물은 생명의 근원이다. 화학적으로는 산소와 수소의 결합물이며, 천연으로는 도처에 바닷물, 강물, 지하수, 우물물, 빗물, 온천수, 수증기, 눈, 얼음 등으로 존재한다. 우주에서 지각이 형성된 이래 물은 고체, 액체, 기체의 세 상태로 지구표면에서 매우 중요한 구실을 해왔다. 우리가 살고 있는 지구와 인간의 몸은 비슷한 점이 있다. 물이 지구를 채우는 성분 중 지구와 우리 신체의 70%는 물로 채워져 있다.

지구에 있는 물은 바닷물이 97.2%를 차지할 정도로 그 양이 매우 많지만 염분을 함유하고 있어 마실 수는 없다. 바닷물을 자원으로 사용하기 위해서는 해수담수화 작업을 해야 하는데, 이것도 그렇게 쉬운 일은 아니다. 물론 증발법과 역삼투법을 통해 사용은 하고 있다. 나머지 2.8%의 물 약35백만㎦의 양으로 사람이 마시고 사용할 수 있는 민물이다. 지구표면을 약 70m 깊이로 덮을 수 있는 많은 양이지만, 문제는 담수의 69.55%는 빙하, 남은 30.45% 중 30.06 지하수로 전재하기 때문에 사용하기 어렵다.

즉, 우리들이 손쉽게 이용 가능한 호수나 하천의 물은 전체 담수 가운데 0.39%에 불과하다는 것이다. 호수나 하천의 물과 지하수까지 모두 합한다 해도 지구에 존재하는 물 14억㎦의 1%가안 된다. 우리가 사용할 수 있는 물의 양은 지구 표면면적의 70%가 넘는 물이 아닌 1%도 되지 않는 것이다.

담수(淡水)

①염분이 없는 물이다. ②한자의 의미로 푼다면 꾸밈이 없는 맑은 물 ③파자도 풀어보면 氵물 + 炎 (첫번째 火은 사람 몸의 불, 화를 꺼주고, 다른 하나의 火은 화재의 불을 꺼준다) + 水 중앙의 불을 양쪽의 물이 감싸고 있어 재앙의 불을 끌 수 있다. ④담백 부드러운 내면에 불을 품고 있는 강인함도 엿볼 수 있다.

상선약수(上善若水)

"최고의 선(上善)은 물과 같다." 물은 만물을 아주 이롭게 하면서도 다투지 않는 도(道)에 가깝다. 철학자 노자는 '물의 철학자'라는 말을 들을 정도로 자신의 사상을 물에 빗대어 얘기하기를 좋아했다. 노자가 쓴 『도덕경(道德經)』에 물이 자주 등장한 배경을 짐작해볼 수 있는 대목이다. 물은 항상 높은 곳에서 낮은 곳으로 흐른다. 낮은 곳에서 높은 곳으로 흐르는 법은 없다. '물이 거슬러 올라 간다.'는 뜻을 지닌 '역류'조차도 상류가 하류보다 낮기 때문에 발생한다. 물길은 위에서 아래로 흐르는 것이 순리다. 동양인은 자연의 순리를 거스르기보다는 받아들이면서 살아왔다. 물을 억지로 위로 분출시킨 분수는 동양문화에는 없는 서양문화다. 실제 우리가

마시는 담수는 사람뿐만 아니라, 동·식물까지도 생명의 유지가 되
며, 우리 인간의 먹거리를 제공해준다. 또한 화재의 불을 끄고, 사
람 몸의 불 즉, 세포에 물을 공급하여 세포를 활성화한다.

해수(海水)

氵 + 人 사람인 + 母 어미모 "어머니와 같은 물"이란 뜻이다. 해
수라고 하면 모든 것을 포용하는 어머니와 같은 물이 바닷물이다.
그래서 우리말로 "바다→받아준다"는 뜻이다.

해불양수(海不讓水)

해불양수란 "바다는 어떠한 물도 마다하지 않는다."라는 뜻이지
만, 모든 물과 그 외 배의 길이 되고, 잠수함까지 받아준다. 가장
중요한 것은 모든 고기와 해조류를 길러 사람들을 먹여 살린다. 따
라서 모든 사람을 차별 않고 포용할 수 있어야 바다처럼 크게 될
수 있다는 것을 비유한다. '관자(管子)'의 형세해 편에서 유래했다.
관중(管中)은 그의 친구 '포숙아(鮑叔牙)'의 도움으로 춘추시대 제
나라 환공의 승상이 된다. 관중과 포숙아가 바로 관포지교의 주인
공이다.

실제 바다는 많은 하천을 받아들이고 있으며 빗물, 깨끗한 물, 오
염된 물 등 온갖 종류의 물을 사양하지 않고 받아들일 뿐만 아니라

밀물과 썰물이 만들어낸 갯벌의 정화력은 나무의 수배에 달한다. 스스로 정화시켜 생명체의 보금자리를 만들어 주는 거대한 포용력을 보여주고 있다. 사회생활에서 인간관계, 지인들과의 오해로 쌓여가는 앙금들은 바다와 같은 용서와 화해, 소통, 사랑으로 보듬어 줄 수 있는 세상이 아름다운 것이 아닐까?

이렇게 모든 것을 받아주고, 가지 않는 곳이 없고, 모든 만물을 생육 양성시키는 물· 인류 문명이 발원한 곳은 어김없이 강을 끼고 있으며 지구 표면의 약 70%가  량이 바다 등지의 물이라는 사실도 우리 삶과 물의 밀접한 관계를 말해준다. 물이 부족하거나 오염됐을 때 가장 먼저 영향을 받는 건 역시 사람이다.

인체와 물의 관계

지구에서의 모든 생명체는 대부분 단백질과 수분으로 이루어져 있다. 사람의 경우엔 수정란이 97%가 물이며, 갓난아기의 경우 인체의 80% 가량이 수분이었다가 자라면서 그 비율이 70%로 줄고, 성인이 되면 60%가 되었다가 죽음을 앞둔 나이인 노년층에서는 거의 50%까지 낮아진다. 이처럼 우리의 인체는 일반적으로 2/3가 물로 구성되어 있는데, 특히 뇌는 그 85%가 물로 이루어져 있으므로

극미한 탈수나 수분 결핍에도 극도로 예민하게 반응을 한다. 우리가 마시는 물은 마신지 불과 30초만에 혈액에 도달하고, 1분 후면 뇌조직과 생식기에, 10분 후에는 피부에, 20분 후에는 장기에 도달하게 된다. 그리고 30분이면 인체의 모든 곳에 도달하여 직접적인 영향을 주게 된다. 이처럼 인체와 물의 관계는 뗄래야 뗄 수 없는 중요한 관계이다. 체내 수분은 10%만 잃어도 생명을 유지할 수 없다. 며칠을 굶을 수 있겠지만, 물은 하루라도 마시지 않으면 고통을 느끼며, 3일 이상은 의식을 유지하기 어렵다. 생명수나 다름없는 존재이다. 물의 가장 중요한 역할은 세포의 형태를 유지시켜주고 인체 내 노폐물을 배출하고 세포가 영양분을 섭취하도록 도와주는 것이다. 수분이 부족하면 몸속에 노폐물과 독소가 쌓여 각종 질병을 유발한다.

물은 생명의 근원

모든 생물은 성장하는데 물이 필요하다. 나무, 물, 꽃 등 모든 동·식물, 인간도 마찬가지이다. 만약 물이 없다면 우리 지구는 곧 생명체가 없는 무생물 행성이 되고 말 것이다. 모든 생물의 삶에서는 물이 차지하는 비율이 큰데 그것은 나무에서도 찾아볼 수 있다. 나무의 잔뿌리가 습한 지역으로 많이 뻗어 있다는 점이다. 나무는 자신의 형질을 바꾸면서 까지 물을 얻으려고 한다. 또 맑은 1급수에서

냄새까지 나는 4급수에는 서로 다른 생물이 살고 있어 서로 먹이사슬관계에 있으므로 하여 생태환경을 유지하고 있다.

물은 흐른다. 산이나 바위가 앞을 막으면 물은 돌아서 간다. 낭떠러지를 만나면 떨어져 아름다운 폭포수로 만들어주고, 깊은 웅덩이를 만나면 바닥까지 채운 다음 길을 떠난다. 젖은 땅이든 마른 땅이든 가리지 않고 나아간다. 오염된 하수구든 비옥한 밭이든 따지지 않고 적신다. 물이 지나간 자리는 아무리 황폐한 폐허라도 생명이 움튼다. 만물을 이롭게 하면서도 지저분한 곳에 있는 것을 불평하지 않는다. 모든 사람이 싫어하는 곳에 있으면서도 왜 이렇게 밑바닥에서 살아야 하느냐고 툴툴거리지 않는다. 그러면서 가는 곳마다 생명을 살린다.

부드러운 강인한 힘

다이아몬드보다 강한 것이 없다는 사람들이 많다. 하지만 다이아몬드 보다 강한 것이 있다. 바로 수압을 강하게 준 물이다. 이것은 워터젠 이라는 기계인데, 컴퓨터로 도안을 설정하고 고압의 물로 보석을 가공하고 철을 자르는 등 여러 가지에서 사용되고 있다. 특히, 물은 재활용이 가능하다는 점에서 보석 가공업에서는 많은 부분을 차지하는 것처럼 부드럽지만, 반면에 강인함이 있다. 이렇게 보면 물의 힘은 무한하다. 사람도 마찬가지다. 겉으로는 약해 보이나 알고 보면 강한 카리스마, 강·강약을 겸비한 사람이라는 것을 잘 알지 못하기 때문이다. 물처럼 부드러운 사람이 진짜 강한 사람이다. 칼로 찔러도 상처를 입힐 수 없고 바위로 내려쳐도 가뿐하게 받아내는 물. 최고 '선'의 경지에 가는 것, 바닷물과 같이 모든 것을 용서하고 받아들이는 것, 부드럽지만 때론 강하게 물같이 산다는 것은 쉽지만은 않지만, 물같이 살면 진정한 행복이다.

노벨상100명 만들기 프로젝트

필자는 42년간을 인간의 전뇌(좌뇌, 우뇌, 간뇌)를 개발시켜 집중력, 사고력, 창의력, 수리력, 순발력, 기억력의 활성화로 책 읽기 10배~100배 이상 읽고 내용을 기억함은 물론 영단어·한자 암기법, 교과서·전문서적 암기, 요약하기, 전뇌기억(이미지기억) 방법을 연구개발 보급하고 있다. 앞으로 필자는 노벨상 100명을 만들기 위해서 오직 외길. 초고속 전뇌학습법 보급에 진력을 다하면서 물(인생여수진행복)처럼 변함없이 남은 생을 행복하게 살것이다. 우리 모두 물같이 살자!

양생(養生)의학은 면역력 증강의학

박세준 대표

Profile

- 주식회사 힐링바이오 대표이사

양생(養生)의학은 면역력 증강의학

주식회사 힐링바이오 대표이사 **박 세 준**

항생(抗生)의학은 면역력 약화의학
양생(養生)의학은 면역력 증강의학

인체는 장내유익균에게 음식을 주고 유익균은 그 음식을 효소로
바꿔 인체에 공급하여 면역력을 키우는 방식으로 공생한다. 그런
데 병원처방 약은 화학물질로 장내유익균을 죽이는 독소이다. 병
원이 독소를 처방하기 때문에 작은 병으로 병원 가면 큰 병 되고,
걸어서 입원해 시체로 퇴원하는 것이다. 나와 공생하는 유익 균을
증식하는 양생(養生)의학은 응급환자와 수술환자 그리고 자신의

면역력으로 회복 불가능할 정도 악화된 만성질병을 제외하고 비만, 아토피, 건선, 생리통, 관절염 등 각종 병원 불치병에 쾌속으로 면역력을 높여 질병에서 해방되도록 한다. 양생 의학을 체험하면 "내몸에 100명의 의사가 있다." "음식으로 치료되지 않는 병은 약으로 치료할 수 없다." "나의 면역력은 100명의 의사와 100가지 약보다 위대하다"는 말이 의학의 진리임을 통감한다. 본 양생의학을 신뢰하는 사람은 대복자이고 불신자는 박복자일 뿐이다. 건강할 때 건강을 지켜야 한다.

양생(養生)의학 창시자 청인미생물과학관장 딱 좋아 박세준

조물주가 만든 생명의 진리

나의 장에는 유익균과 유해균이 공생한다. 장내유익균은 내가 먹 은 음식을 발효시켜 면역력이자 생명활동 의 에너지인 효소로 흡 수돼 몸을 건강하게 하는 반면 유해균은 음식을 부패시켜 만병의 근원인 독가스(황화수소 암모니아 등)로 흡수되어 몸을 병들고 노화되게 한다. 그러므로 어느 세균이 우세하냐에 따라 면역력이 좌우된다.

화장실 건강진단병원 활용 "100세 건강"

변에서 악취가 심하면 장
내유해균 80%, 음식 80%가
썩어서 배설된 증거, 모유
를 먹을 때 같이 악취 없는
황금색 쾌변을 보면 유익균
80%, 음식 80%가 효소로 흡수된 증거.

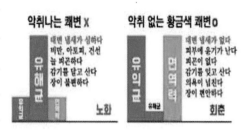

저승사자인 장내유해균이 우세한 원인

자연의 법칙상 독소(잔류농약, 방부제 등 600여종 식품첨가물,
과음, 흡연, 항생제 등 화학약물) 섭취 절대 삼가, 독소에 유익균은
죽고 유해균은 내성을 키워 슈퍼박테리아가 된다. 유해균은 음식
을 부패시켜 암모니아 황화수소 등 악취가스를 만드는데 방귀로는
일부만 배출되고 대부분 혈관을 따라 간, 폐, 뇌세포에 이상을 줘
치매, 통풍 등 만병의 원인이 된다. 간기능 약화로 악취가스가 해
독되지 못한 간성혼수환자가 병원에 응급환자로 가면 먼저 대장에
똥을 청소한다. 대장의 똥을 빼내면 정신이 회복된다.

수호천사인 유익균을 우세하게 만드는 방법

유해균을 억제하는 모유를 먹다가 이유식을 하면 악취가 난다.

모유 이상 유해균 억제 능력이 강력한 슈퍼유산균을 평생 섭취하고 식재료 30종 이상 소식 다작 식습관을 지키면 무병장수 회춘한다.

항생(抗生)의학, 생명의 진리에 반하는 역천(逆天)의학

식물이 아니면 절대 약이 될 수 없는데 장내유익균을 유해균으로 보는 과학자들이 식물의 분자구조를 화학 물질로 모방해 놓고 식물의 치료효능을 말한다. 사실상 합법적 사기행위. 화학약은 장내유익균을 죽이고, 독소가 몸속에 쌓이게 한다. 따라서 응급 환자와 수술환자를 제외하고 눈에 보이는 탈모, 비만, 아토피, 무좀도 치료하지 못하고 작은 병만 키운다. 암 발생률, 40~50대 사망률, 불임률, 자살률 세계 1위. 질병 증가율이 OECD회원국 평균의 2배가 넘는 질병공화국에 수술만능으로 자궁, 유방, 대장, 관절, 쓸개 없는 국민과 약봉지를 휴대한 국민이 폭발적으로 증가해 나라가 망하고 있다.

장이 건강하면 왜 온 몸이 건강한가?

모든 동물의 원초적 본능은 첫째 생존이고 다음은 번식이다. 생존에 필요한 에너지는 장내유익균을 통해 흡수되는 '효소'이다. 간질환은 간에 필요한 효소가 흡수되지 않고 독소과잉섭취로 면역력 약화가 원인. 독소를 먹지 말고 '간' 필수영양소를 섭취 하면 간세포 생존본능으로 사력을 다해 원상회복한다.

질병은 만종(萬種)이나 이와 같이 면역력을 높이면 불치병은 없다. 어떤 병을 치료하던 장내유익균 80% 이상을 만들어야 내가 먹은 양양소 80%가 효소로 흡수된다. 영양소가 효소로 흡수될 때만이 체내독소가 해독되고 영양불균형이 해소돼 면역력 향상에 따라 만병에서 해방된다.

일례로 퇴행성관절염은 관절이 마모된 만큼 보충되지 못한 질병, 원인은 관절에 필요한 영양을 먹지 않았거나 먹었어도 부패되어 흡수되지 못한 결과이다. 장내 유익균 80%를 만들고 관절에 효과적인 닭발+우슬을 섭취하면서 관절근육 운동을 병행하면 빠르게 치료된다. 위, 간, 폐, 뇌, 췌장, 신장, 뼈 모두 이와 같이 치료하라. 그래서 장이 맑으면 피도 맑아 당뇨, 고혈압, 고지혈증도 사라지고, 뇌도 맑아 두뇌도 총명하고 피부도 건강해 여드름, 아토피, 건선, 습진, 무좀도 사라진다. 그래서 장청(腸淸) 혈청(血淸) 뇌청(腦淸) 피부淸 속담이 생긴 것이다.

슈퍼유산균은 내가 먹은 음식 흡수효율 극대화

슈퍼유산균은 어떤 병도 치료할 수 있는 약이 절대 아니다. 오직 음식을 부패시켜 독소를 만드는 유해균을 억제해 배변활동 원활과 장 불편 해소 및 악취 없는 쾌변을 보게 하고, 유익균을 증식 시켜 내가 먹은 영양소를 효소로 흡수시켜 면역력을 높이는 효과밖에 없고 나의 면역력이 만병을 치료하는 것이다.

비만, 당뇨, 고혈압, 아토피 등 병원불치병 해결 및 무병장수 비결

1. 장내 유익균이 죽는 방부제 등 식품첨가물이 많이 사용된 육류가공식품을 세계보건기구가 1급 발암 물질로 발표했다. (인스턴트식품 과음 흡연 삼가)
2. 매일 똥냄새를 느껴보고 음식이 발효되었는지 썩었는지 확인하고 썩었으면 슈퍼유산균 섭취량을 늘려 냄새 없는 황금색 쾌변 유지.
3. 오장육부에 필요한 영양소가 각각 달라 흰쌀밥은 영양불균형. 오곡밥 30~40% (환자 발효밥) 오색채소 40~70% (환자 발효김치) 마늘 1통, 감식초, 들기름, 천일염, 오색열매 10% (환자 발효음료) 단백질 10%
4. 30번 이상 씹어 소식 (식사시간 20~30분)
5. 1일 온수 2.5리터
6. 적절한 운동을 매일 30분 이상 꾸준히 하면 비만, 당뇨 등 병원불치병은 물론 회춘한다.

병원불치병 및 무병장수 비결

처음에는 장내 유해균이 많으면 슈퍼유산균도 많아야 단기간 승리한다. 10~15g 1일 3회 섭취 3~5일 정도면 악취 없는 쾌변! 이때부터 하루 5g 2~3회 섭취. 환자일 경우 30g 1일 2~3회 섭취해 건강하면 섭취량을 줄인다.

염증 주범인 유해균의 천적 슈퍼유산균

염증(통증)의 원인은 유해균. 항생제로 유해균을 잡으면 유익균만 죽고 유해균은 슈퍼박테리아로 변신해 작은 병이 큰 병 된다. 무 좀, 습진, 상처염증, 치주염 등 구강염증, 비염, 질염, 중이염, 설 사, 변비, 가스, 위염, 숙취의 주범인 유해균을 쥐를 고양이로 잡듯이 슈퍼유산균으로 잡아보고 노벨상 추천.

고양이로 쥐를 잡듯 슈퍼유산균으로 유해균을 잡아라

식중독 설사세균 15분에 잡아 설사를 60분에 그치게 하고, 피부와 소화기관 인체세포 염증의 주범 녹농균 (고름균)을 3시간에 잡는 세균의 전쟁을 미생물박물관 (www.biomuseum.co.kr)에서 시청할 수 있다.

치주염, 구강염증, 구취, 습진, 무좀, 상처 및 화상염증, 욕창, 중이염, 질염의 주범은 유해균, 슈퍼유산균을 염증에 발라놓아 유해균과 전쟁을 시키고 식도염, 위염, 숙취, 장염설사, 변비 가스의 주범도 유해균, 슈퍼유산균을 섭취해 유해균과 전쟁을 시키면 염증 1~3시간에 해소, 3~5일, 중증 15일에 완승한다.

약을 사주는 부모보다 치료하는 방법을 가르치는 부모가 훌륭하다. 본 비결을 친인척 및 친구들과 공유하면 약을 사주는 친구보다 더 좋은 친구이다.

건강해지는 양생의학정보 스마트폰 검색방법

네이버검색창에서 양생의학 박세준을 검색하면 병원 불치병을 스스로 치료하는 양생(養生)의학 정보, 양생(養生)의학 특강, 병원 임상사례를 무료 수신 가능하다. 건강보다 더 소중한 가치는 없으니 아파트보다 더 큰 행운을 얻은 것이다. **건강할 때 건강을 지키자!**

이야기하는 '생명의 근원' 인체는 장내유익균에게 양분을 공급하고 유익균은 양분을 발효시킨 효소로 숙주의 건강을 지켜주는 공생관계이다. 그러므로 이 둘의 생명체는 불가분의 관계로 어느 하나가 없어도 생명유지가 불가능한 것이다.

질병치료는 약이나 의사가 하는 것이 아니라 환자 자신의 자연치유능력이 하는 것이다. 질병치료는 약이나 의사가 하는 것이 아니라 환자 자신의 자연치유능력이 하는 것이다. 그러므로 환자가 병원을 찾을 것이 아니라 자신의 자연치유능력을 키우는데 주력해야 진정으로 질병으로부터 해방될 수 있다.

한 번뿐인 인생, 행복하게 살자!

박종태 교수

Profile

- 광운대학교 외래교수, 대한경영평가원 전문위원
- 고용노동부 직업훈련교사(금융, 보험, 사무자동화, 정보처리)
- NCS직업교육지도사, 대한민국 명강사(한국강사협회)
- 금융감독원 인증 금융교육전문강사, 국민은행 37년 근무(4곳 지점장)
- 라이프코치, 비즈니스코치, 인성심리상담지도사
- ISO인증심사원(기업재난안전, 정보보호, 산업안전보건, 품질)
- 저서 : 정보시스템감사의 성공요인에 관한 실증적 연구 외

한 번뿐인 인생, 행복하게 살자!

광운대학교 외래교수 **박 종 태**

1. 긍정적인 사고는 무한한 힘을 발휘한다.

행복한 사람에게는 행복의 공식이 아주 간단하다. 즉 행복한 사람은 오늘, 내일, 1년 후에 무슨 일이 일어나든 바로 이 순간 여기에 행복이 있다고 생각한다. 꿈은 자기가 간절히 추구하고 성취하기 위해 노력하면 반드시 이루어진다고 나는 믿고 있다.

꿈을 실현하기 위해서는 마음을 긍정적인 상태로 유지해야 가능하다. 이 긍정적인 사고방식을 유지하기 위한 비결은 머피의 여덟 가지 황금률이 있다.

1) 간절한 그리고 두려움 없는 꿈을 가져라.
2) 굳은 신념 그리고 두려움이 없는 열정을 키워라.
3) 늘 생각하고 늘 행동하라.
4) 긍정적인 마음가짐으로 생각하고 행동하라.
5) 자신을 왕처럼 소중히 생각하라.
6) 타인의 삶을 존중하고 배려하라.
7) 사람들에게 사랑과 기쁨을 베풀라
8) 불쾌한 말을 입에 주워 담지 말라.

이 머피의 황금률을 실생활에서 어떻게 응용해야 하는가? 이 황금률 중에서 특별히 중요한 항목은 무엇인가? 이 황금률을 토대로 플러스알파의 조건을 갖추려면 어떻게 해야 하는가? 이 모든 내용들을 가슴에 새긴다면 행복한 삶을 살 수 있다.

2. 타고난 적성을 찾아 천직을 잡자.

인생에서 최대의 비극은 많은 사람들이 자기가 진정으로 하고 싶은 일이 무엇인지 알지 못하고 단지 생계유지에 얽매어 일하고

있는 사람이 많다는 것이다. 성공
과 밀접히 관련되는 꿈을 설정할 때
는 자신의 개성이나 천직을 소홀히
여기지 말아야 한다. 소홀히 여겨서
안 좋은 결과를 낳을 수도 있기 때문
이다.

"평생 열심히 일을 했지만 성공하고 인연이 없다.""능력을 발휘
할 기회가 전혀 없다." 이런 불만을 수시로 느끼는 사람은 지금 하
는 일이 천직이 아닌지 판단해보고 천직이 아니면 괘도를 수정해
야 한다.

천직도 아닌데 그 직종에만 얽매여 있으면 설사 꿈을 달성하는
시기를 설정한다 해도 실현시키기 어렵고, 그릇된 인생의 목표에
구속되어 생활 할 수밖에 없기 때문에 시간이 흐를수록 자신의 생
활에 불만을 느낄 뿐이다.

반대로 천직으로 알고 종사 할 수 있다면 자신의 꿈은 시간이 흐
를수록 실현 가능성이 높아 질 것이다. 그렇다면 자신에 맞는 천
직을 찾는 방법은 다음과 같다.

1) 지금 꼭 하고 싶은 일
2) 공부나 클럽활동 등 청년시절에 좋아했던 일

3) 여행, 운동 등 어린 시절 즐거웠던 추억

4) 수학, 과학, 미술, 음악 등 학생 때 자신 있었던 과목

5) 악기연주, 해외여행, 독서 등의 취미

6) 지금 흥미를 느끼거나 관심이 있는 일

7) 사람들 만나기를 좋아하는 성격

8) 섬세하고 빈틈없는 성격에서의 장점

열거한 여덟 가지 중 두 가지 정도가 자신에 해당 된다면 그것과 관련된 직종이 천직일 가능성이 크다. 만약 세 가지 이상이 해당 된다면 틀림없는 천직이라고 할 수 있다. 일이 자기에 맞지 않는다고 느끼고 시작한 일이 뜻밖의 천직이 될 수도 있다. 그럼 자기가 지금 하고 있는 일이 천직인지 아닌지 체크 해보고 참고 해보자.

1) 지금 하는 일에 피곤함이나 지루함을 느끼지 않는다.

2) 시간 가는 줄 모르고 열중할 수 있다.

3) 정열과 신념을 가지고 있다.

4) 실수 하거나 실패해도 실망하지 않고 빠른 시일 내에 재기할 수 있다.

5) 향상심, 탐구심, 호기심, 창의력, 연구의욕 등이 샘솟는다.

6) 상사로부터 칭찬을 자주 듣는다.

7) 하는 일에서 나름대로 좋은 평가를 받는다.

이상의 내용 중에서 두 가지 이상이 해당한다면 기뻐해야 한다. 천직일 가능성이 높다. 우리 인간은 누구나 바닥을 알 수 없는 무한한 가능성을 가지고 태어났다. 그것을 끌어내는 것이 바로 '천직'이다.

3. 성공의 자화상을 이미지화하라.

성공하는 것만을 상상하고 있으면 그 사람의 인생은 그대로 될 것이 틀림없다. 상상만으로도 강력한 에너지가 작용하여 그렇게 되어 간다.

이미지화는 창조적인 인생을 보내는데 있어서 중대한 원리이기도 한다. 이미지화는 우리들이 상상할 수 없는 그 어떤 식으로든 문제해결이나 목표달성으로의 문을 열어준다.

그러나 문이 열린다 해도 꿈의 실현을 위해서는 단련이나 결의, 끈기가 반드시 필요하다. 꿈을 설정하고 다음에는 잠재의식에 꿈을 입력해야 한다. 가장 효과적인 방법으로 일상생활에 이미지트레이닝을 도입한다.

이미지트레이닝으로 만으로 꿈이 이루어지지는 않지만 자신감이 생기고 행동능력이 고양되어 성공에 쉽게 이를 수 있다. 거기에 낙천적인 마음이나 간절함이 덧붙인다면 그 꿈은 확실하게 이루어진다. 이미지트레이닝은 이상적인 자신의 미래의 모습을 상상하는 것이다. 머피는 그 중요성을 이렇게 표현 했다.

"당신의 꿈이 이루어진 장면을 마음속으로 그려보면서 그것이 실제로 존재한다고 믿어라. 당신의 꿈이 이루어지는 기쁨을 체감할 수 있다."

'마음의 영화법'이라고 한다.

이 이미지트레이닝에 의해 꿈을 실현시킨 사람은 아주 많다.

머피의 조사에 의하면 자동차왕 헨리포드, 석유왕 록펠러도 이미지트레이닝으로써 사업계획이 성공하는 상태를 생생하게 그려보았다고 한다.

이미지트레이닝을 실행할 때마다 즐겁고 유쾌한 기분에 젖을 수만 있다면 성공이다. 머피의 말대로 꿈이 실현되는 것도 어렵지 않을 것이다.

4. 나만의 성공 법칙

오랜 직장생활을 통하여 나름대로의 성공법칙을 발견하게 되었고, 그 법칙을 주변사람들에게도 소개해서 적용한 결과 효과가 많았다. 성공의법칙은 다음과 같다.

1) 물어봐라 (Ask)

앞서 성공한 사람을 찾아가서 벤치마킹을 한다. 지식, 기술, 태도 등에 대해서 물어보고 그 이상을 할 수 있을 때까지 철저히 준비한다. 소비자에게 원하는 것을 물어본다. 모든 일은 공급자 측면보다는 소비자측면에서 고려하여 추진한다. 전문가에게 전문분야에 대해서 물어본다. 해당분야의 문화, 경제흐름, 트랜드 등을 파악한다.

2) 반영하라 (Reflect)

성공한 사람의 의견, 소비자의 의견, 전문가의 의견을 종합하여 나에게 맞는 최적의 방법을 선택하여 반영한다.

3) 성공한다 (Success)

그리고 반드시 실천하면 성공한다(PLAN, DO, CHECK,

ACTION). 성공하기 위해서는 물어보고 정확하게 반영하고 반드시 실천하는 것을 반복적으로 수행 한다면 누구나 성공할 것이라고 확신한다.

비전(Vision)은 희망(希望)이다!

서재균 원장

Profile

- 국회나눔CEO최고위과정 주임교수, 글로벌리더십개발원 원장/주임교수
- [적십자(헌혈511회)사랑의 명예홍보대사:(사)국민성공시대/한국한식협회/
- 한국새생명복지재단/겨레하나되기운동연합/평양꽃바다예술단/
- 모두함께하는세상[루게릭]/세계전뇌학습아카데미/북방민족나눔협의회/
- 나누고 베풀고 봉사하는 그룹/서울명예관광], 국내외 5,000여회 특강
- KBS아침마당, MBC9시뉴스 등 언론매체 100여회 출연 보도
- 적십자 최고명예대장, 대한민국 성공대상, 자랑스런 시민대상 등 다수

비전(Vision)은 희망(希望)이다!

글로벌리더십개발원 원장 우리(友利) **서 재 균**

　비전(Vision)의 사전적(辭典的) 의미(意味)는 시각(視覺) 즉, 눈에 보이는 것이지만, 또한 다른 말로 표현(表現)하면 그냥 눈 떠서 보이는 게 아니라 바르게 보는 눈을 가져야, 어제는 살펴보고 오늘은 바로보고 내일은 바라보며 미래(未來)를 창조(創造)할 힘과 희망(希望)이 생긴다고 볼 수 있습니다.

　사회(社會)지도층(指導層) 사람들은 리더십(Leadership), 비전(Vision), 미션(Mission) 등의 이야기를 많이 하고 있습니다.

그 중에서 리더십과 미션 보다 비전(VISION)은 반드시 있어야 하며, 사람이 살아가면서 비전이 없는 것은 희망(希望)이 없는 것이라고도 할 수 있습니다.

다음에 소개(紹介)하는 사람들은 필자(筆者)가 강의(講義)할 때마다 늘 이야기로 강조(強調)하고 있습니다. 비전과 희망(希望)을 갖고 삶을 살면 어떻게 세상(世上)과 인류(人類)에게 크나큰 이바지를 할 수 있는 훌륭한 삶을 살 수 있었는지를 배워서, 우리도 비전(Vision)을 갖고 오늘은 배우고 내일은 실천(實踐)하는 삶을 살아가면 반드시 아름다운 인생(人生)의 열매를 맺을 수 있다고 봅니다.

1. 충무공(忠武公) 이순신(李舜臣) 장군(將軍)

나라의 운명(運命)이 풍전등화(風前燈火) 즉, 바람 앞의 등불인 절대절명(絶對絶命)의 위기(危機)에서, 오직 죽어가는 백성(百姓)들과 쓰러져 가는 나라를 살려 내야 하겠다는 구국일념(救國一念)으로 온몸과 마음을 바쳐서 13척으로 330척의 왜군(倭軍)을 무찌른 충무공(忠武公) 이순신(李舜臣 1545~1598) 장군(將軍)은, 정의(正義)는 반드시 승리(勝利) 할 수 있다는 비전(Vision)을 보았으며 희망(希望)을 잃지 않았습니다.

또한, 단순(單純)히 나라를 침범(侵犯)한 왜군(倭軍)과의 싸움이 아닌 정의(正義)와 불의(不義)의 싸움이라고 깨닫고, '필사즉생(必死卽生) 필생즉사(必生卽死) 살고자 하면 반드시 죽을 것이오, 죽고자 하면 반드시 살 것이다.'의 정신(精神)으로 온몸과 지혜(智慧)를 던져서 위대(偉大)한 승리(勝利)를 이끌어 내었던 것입니다.

해마다, 한산대첩(閑山大捷) 등 기념식(記念式)에는 당시(當時) 왜군(倭軍)의 후손(後孫)들이 화해(和解)친선(親善)을 위해서 우리나라를 방문(訪問)하고 있는데, 그들에게 왜 일본(日本)은 해상(海上)전투(戰鬪)에서 우리에게 패배(敗北)했는지를 물으면, 이순신(李舜臣) 장군(將軍) 때문에 졌다고 솔직(率直)히 시인(是認)하면서, 이제는 일본(日本)의 해군사관학교(海軍士官學校)에서 이순신(李舜臣) 장군(將軍)에 대해서 배우고 연구(研究)하고 있으며, 일본(日本)해군(海軍)들이 배를 타고 바다에 나아갈 때 바다의 신(神)인 이순신(李舜臣) 장군(將軍)에게 잘 보호(保護)해 달라는 묵념(黙念)을 올리고 떠나고 있다는 말을 하는 것만 봐도 충무공(忠武公) 이순신(李舜臣) 장군은 세계(世界)가 존경(尊敬)하는 위대(偉大)한 영웅(英雄)인 것입니다.

우리나라 사람들은 남녀노소(男女老少)를 불문(不問)하고 첫 번째로 존경(尊敬)하는 사람이 누구냐고 물으면 이구동성(異口同聲)으로 충무공(忠武公) 이순신(李舜臣) 장군(將軍)이라고 대답합니다. 뿐만 아니라 전세계(全世界) 해군(海軍)들에게도 바다의

신(神)으로 추앙(推仰)받고 있는 것에도 우리는 자랑스럽게 생각해야 합니다.

우리 모두는 이순신(李舜臣) 장군(將軍)의 비전(Vision)과 희망(希望) 그리고 불굴(不屈)의 정신(精神)을 배우고 익혀서, 오늘날 자랑스러운 이순신(李舜臣)장군(將軍)의 위대(偉大)하고도 훌륭한 리더십(Leadership)을 세계(世界) 만방(萬邦)에 그 이름을 더욱더 알리고 발전(發展)시켜 나아가야 하겠습니다.

[이순신 장군의 자기(自己)극복(克復)10계명(誡命)]

01. 출신(出身)가문(家門)이 좋지 않다고 탓하지 마라!
 : 나는 역적(逆賊) 가문(家門)에서 태어나 가난(家難) 때문에 외가(外家)에서 먹고 자랐다.
02. 머리가 좋지 않다고 말하지 마라!
 : 나는 첫 과거(科擧)시험(試驗)에 떨어지고 서른둘의 늦은 나이에 겨우 과거(科擧)시험(試驗)에 붙었다.
03. 좋은 직위(職位)가 아니라고 불평(不平)하지 마라!
 : 나는 14년 동안 별 볼일 없이 변두리 외진 곳에서 떠돌았다.
04. 높은 사람의 지시(指示)라 어쩔 수 없었다고 하지 마라!
 : 나는 상관(上官)들의 불의(不義)한 지시(指示)에 항거(抗拒)하여 여러 번 파면(罷免)과 불이익(不利益)을 겪었다.

05. 기회(機會)가 오지 않았다고 불평(不平)하지 마라!

  : 나는 나라가 풍전등화(風前燈火)의 위기(危機)에 닥친 다음
   에야 마흔 일곱 늙은 나이에 사령관(司令官)이 되었다.

06. 자금(資金)이 없다고 포기(抛棄)하지 마라!

  : 나는 논밭을 갈고 소금을 구어 군자금(軍資金)을 만들어서 스
   물세 번 싸워 스물세 번 이겼다.

07. 상관(上官)이 알아주지 않는다고 불평(不平)하지 마라!

  : 나는 임금의 오해(誤解)로 모든 공로(功勞)를 빼앗기고 감옥
   (監獄)에 갔다.

08. 조직(組織)의 지원(支援)이 없다고 포기(抛棄)하지 마라!

  : 나는 빈손으로 낡은 배 13척(隻)으로 330척(隻)의 적군(敵軍)
   을 물리쳤다.

09. 올바르지 않은 방법(方法)으로 가족(家族)을 사랑한다 하지 마라!

  : 나는 스무 살의 아들을 전투(戰鬪)에 바쳤고 또 다른 아들들
   과 전쟁(戰爭)터로 달려 나아갔다.

10. 죽음이 두렵다고 말하지 마라!

  : 나는 적군(敵軍)들이 도망(逃亡)가는 마지막 전투(戰鬪)에서
   죽음을 맞이했다.

2. 칼 란트슈타이너(Karl Landsteiner)

지도교수(指導敎授)가 날마다 혈액(血液)만 들여다보고 있는 자신(自身)을 쓸데없는 짓이라고 무시(無視)했지만, 그는 낙심(落心)하지 않고 사람의 혈액(血液)이 서로 응고(凝固)되는 것을 기어코  밝혀내야 하겠다는 오직 비전(Vision)과 희망(希望)만을 붙잡으며, 인류역사상(人類歷史上) 가장 위대(偉大)한 혈액형(血液型)을 발견하여 수천만(數千萬)의 고귀(高貴)한 사람의 생명(生命)을 살려내어 노벨상까지 받는 존경(尊敬)받는 사람이 되었습니다. 그가 바로 칼 란트슈타이너(Karl Landsteiner 1868. 6. 14 ~ 1943. 6. 26) 병리학자(病理學者)입니다.

국제적십자(國際赤十字)에서는 만장일치(滿場一致)로 그의 훌륭한 업적(業績)을 영원(永遠)히 기억(記憶)하기 위하여, 란트슈타이너의 탄생일(誕生日)인 6월14일을 세계헌혈자(世界獻血者)의 날로 선포(宣布)하고 자발적(自發的)으로 고귀(高貴)한 생명(生命)나눔인 인류애(人類愛)의 헌혈(獻血) 봉사활동(奉仕活動)에 헌신(獻身)하고 있는 전세계(全世界) 헌혈자(獻血者)들에게 감사(感謝)와 존경(尊敬)을 나타내고 있습니다.

오스트리아 정부(政府)에서는 자랑스러운 오스트리아 국민

(國民)인 그를 존경(尊敬)
하고 전세계인(全世界人)
들에게 기억(記憶)시키고
자 1,000실링의 고액권
(高額券) 지폐(紙幣)에 그
의 사진(寫眞)을 새겨 넣어서 사용하고 있습니다.

　지금 이 순간(瞬間)에도 전세계(全世界) 방방곡곡(坊坊曲曲)에서
생명(生命)이 꺼져가는 환자(患者)들에게, 크고 작은 수술(手術)이
진행(進行) 되면서, 하나뿐인 고귀(高貴)한 생명(生命)을 살려내고
있는 것은 전적(全的)으로 혈액형(血液型,A,B,O,AB)을 발견(發見)
한 위대(偉大)한 병리학자(病理學者) 란트슈타이너의 크나큰 공적
(功績)이며, 아울러서 아낌없이 생명
(生命)을 나누며 헌혈(獻血)로 사랑
을 실천(實踐)하고 있는 가슴이 따뜻
한 모든 분들에게 다시 한 번 감사(感
謝)와 존경(尊敬)의 큰 박수(拍手)를
보냅니다.

[비전(VISION)은 희망(希望)입니다.!!!]

비전 있는 명강사의 도전!
명강사의 네비게이션

서필환 대표

Profile

- (주)국제강사연합 대표이사, 성공사관학교 교장, 고려대명강사최고위과정 대표강사
- (사)한국강사협회 주관 대한민국 명강사 제21호
- 한국열린사이버대학교 특임교수 (사)한국평생교육강사연합회 부회장
- 92개 대학원 최고경영자과정 초청강사, 대한민국 대표강사 33인 5년 연속선정
- 한국평생교육원 평생명강사탄생과정 주임교수, 중소기업우수강사단 초청교수
- 홍보대사 : 양구군, 제천시, 거제시, 님프만, 동원대, 경남대, 에몬스침대, 하늘청, 365행복마을
- 저서 : <인맥의 달인을 넘어 인맥의 신이 되라>가람출판사. 평생명강사 공저 외 다수

비전 있는 명강사의 도전!
명강사의 네비게이션

(주)국제강사연합 대표이사 **서 필 환**

명강사로 가는 첫 번째 키워드, 변화와 도전

"명강사는 태어나는 것이 아니라 고객이 만들어 주는 것이다."
명강사로 가는 길은 다양한 방법과 길이 있지만 나의 사례를 통해
대한민국 명강사 21호 서필환의 사례를 공유하고자 한다. 현재 민
족대학 고려대 역사 110년 최초로 개설된 고려대 명강사 최고위
과정을 운영하면서 5기까지 150명을 양성하였으며 전국적으로 다
양한 주제를 가지고 출강하는 명강사들이 탄생되어 보람을 느끼
고 있다. 그동안 나는 약 60개의 강연 주제를 갖고 무대에 서왔다.
요즘에도 늘 새로운 주제로 강연을 한다. 어떻게 하면 인생을 보다

멋있고 행복하게 살 것인가를 큰 주제로 하여 도전과 용기, 희망과 성공을 주는 다양한 주제의 강연을 한다. 초기에는 주로 고객서비스·동기부여·커뮤니케이션을 주제로 했고, 요즘엔 리더십·성공학·자기계발에 관한 내용이 많다.

그간의 경험에 의하면, 제일 좋은 강의란 자신이 경험한 것들을 쉬운 말로 솔직하게 말하는 것이다. 일상의 경험에서 느낀 것과 사람들의 행동을 잘 관찰해 그것을 콘텐츠로 하면 청중들이 쉽게 빨리 알아듣고 흡수해 감동을 받는다. 한 방을 노리기보다, 저축하듯이 안타를 쌓아올린 양준혁 선수의 기록들처럼 성공사관학교장인 나 서필환도 5,000번의 감동과 변화를 주는 명품 강의로 거듭나고자 내 시간과 정성과 에너지를 교육현장과 무대 위에서 다 쏟아내려 한다. 고려대 역사 110년 최초로 개설된 "고려대 명강사최고위과정 운영책임을 맡고 있는 대표강사로 22기까지 목표로 하고 있다. 명강사 배출을 통해서 국가의 신 경쟁력 창출을 비전으로 대한민국의 일등 브랜드 창출을 위해 "감사봉 정신"으로 항상 감사하고 배려하는 마음과 사명감을 갖고 국가와 사회발전에 기여하며 봉사하고 서로 섬기는 실천 중심의 서번트 리더십을 실천하는 고객이 불러주는 명강사로 거듭 나도록 노력하고 있다.

자신이 하고 있는 지금의 일에, 만나는 모든 분들에게 감사하면서 기쁨으로 맞아들이며 지나온 일들을 소개하고자 한다. 23년간의 회사생활을 접고 막 판촉사업을 시작한 나에게 삼성전자 CS

아카데미로부터 전국 대리점장들을 대상으로 하는 '고객만족 특강'을 해 달라는 강의 제안이 들어왔을 때, "한 번도 강의를 해본 적이 없다."고 사양  했더라면 아마 '강사'로서 지금의 나는 존재하지 않았을 것이다. 하지만 예상치 않게 찾아온 그 기회를 흘려보내지 않았고, 결국 하룻밤을 꼬박 새워 의욕적으로 준비한 강의안을 갖고 다음 날 강단에 섰다. 강의가 끝난 후 쟁쟁한 베테랑 대리점 사장님들로부터 기립박수와 함께 "최고의 강의였다."는 극찬을 받았고, 이후 각종 교육과 세미나에 참여하면서 그 감동과 소감을 관계교육기관의 사이트에 후기로 남겼다. 또한 매일경제 서필환의 '참부자 칼럼'을 통해 내 관심분야인 변화리더십과 고객서비스 등에 관한 글을 꾸준히 기고한 결과, 그 칼럼을 본 각계각층에서 강의를 의뢰해오는 일이 점차 많아졌다.

결과적으로 첫 무대에서 기립 박수를 보내준 청중에게 감사의 표현으로 큰절을 올렸던 그날이 내 인생의 터닝 포인트가 되어준 셈이다. 게다가 "이왕에 강사로 나섰으니 숫자로 된 목표를 가져보라."는 어느 분의 조언에 따라, "5천 번의 명품강의를 실천하겠다."는 나 자신과의 약속을 했다. 현재도 항상 초심을 잊지 않고 그 목표를 향해 매진하고 있고, 마침내 5,000번 목표 중 3,110번째(2016년12월) 강의를 실천했다. 이후 서필환은 자신과 약속한 5,000번의 목표를 달성할 때까지 현장에서 만나는 청중들에게

먼저 다가가 내가 먼저 손을 내밀 것이며, 강의를 시작할 때는 감동을 주는 강의, 변화를 만드는 강의를 하겠다는 다짐의 큰절을, 마친 뒤에는 기쁨의 큰절을 올릴 것이다. 물론 부단한 자기계발 노력도 게을리하지 않고, 행동으로 실천할 것이다. 마찬가지로 어떤 일이든 자신의 목표를 달성하고 상대방을 만족시키기 위해서는 철저한 준비가 필요하고, 그것을 행동으로 옮기는 데는 용기와 결단력이 있어야 한다. 자기가 맡은 분야에서 열정을 불태우며, 도전과 용기 없이는 최고가 될 수 없다는 사고의 소유자들임을 알 수 있다. 그들은 한계보다는 가능성에, 과거보다는 미래에 초점을 맞추고 자신들 앞에 놓인 수많은 걸림돌을 '도약의 디딤돌'로 바꿔놓은 사람들이다. 이제까지와는 다른 삶을 살고 싶다면 자신 앞에 놓인 한계를 훌쩍 뛰어넘어 그것을 실천하는 용기를 발휘해야 한다.

서필환도 50세가 되기 전까지는 책이라는 것을 써본 적이 없는 사람이다. 그러나 인지하듯이 경험이 없다고 해서 강사가 될 수 없거나, 책을 쓰지 못하는 것은 아니라는 사실이다. 현재 15권의 저서, 공저가 있다. 변화와 혁신은 그것을 에워싼 두려움을 떨쳐내는 것에서부터 시작된다. 지금 자신의 나이와 경력이 얼마나 되느냐와 상관없이 항상 새로운 방향을 개척하고, 새로운 길을 탐구하며, 자기만의 '쾌감대'를 확장해 나가는 것이 중요하다. 이전에 한 번도

해본 적이 없는 일이라도 용기를 내어 시도해보자. 나를 이끌어주고 지지해줄 수 있는 주변 사람의 도움이 필요하다면 기꺼이 손을 내밀어보자.

명강사로 가는 두 번째 키워드, 인간관계 관리 그리고 SNS 홍보

새로운 일에 큰 힘이 되어줄 만한 응원자는 그동안 가장 많은 시간을 함께 해온 가족들과 동료들이다. 이 외에 멘토나 상담자, 친한 친구, 정기적으로 만나 서로에게 지지와 격려를 아끼지 않는 어떤 모임이나 단체에서도 도움을 받을 수 있을 것이다. 자신의 도전정신과 열정에 불을 지펴주고 새로운 인생의 방향을 향해 전진할 수 있도록 격려해줄 사람은 주변에 얼마든지 있다. 무엇보다 내 안에 있는 빛나는 강점과 자원을 끄집어내어 디자인해주고, 나만의 목표를 향해 가는 것을 기꺼이 도와줄 사람들과 좋은 관계를 맺어가도록 하자.

성공하기 위해서는 먼저 내 주변 사람들이 성공의 대열에 올라설 수 있도록 적극적으로 도와야 한다. 이것이 더불어 성공하는 '상생'의 지름길이다. 성공사관학교는 지혜를 공유하는 성사데이가 벌써 122번째를 실천하고 있다. 이렇게 매월 22일을 실천할 수 있는 것은 지혜대사 이보규 교수, 이덕신 교수, 이춘옥 원장, 최창환 이사장, 김민영 왕호떡 회장, 조무경본부장, 최규리 행사위원장,

김예원 재무위원장, 오경자, 서본학 자문위원, 최정기, 박지훈, 장복순 , 원윤경 위원들의 봉사와 윤 현 (사)국민성공시대 사무총장, 한광일 한국강사은행총재, 한영석 껑충연구소장, 최영선 성행희소통원장, 정인석, 손대희, 이희태, 최승애, 김현주, 문정선, 김종욱 석좌교수, 김세우, 조관일, 이영석, 허태근 석좌교수님을 처음 만났을 때, 바로 이런 분들과 함께 간다면 서로 윈윈(Win-Win)하며 성공할 것이라는 확신이 들었다. 그리고 그 대단한 우연을 필연으로 만들어 가고 있다. 고려대 명강사최고위과정을 도와주시고 함께하시는 호랑이교장 성수목, 강무섭 총괄교수, 이영도 원우회장, 김두현 기획강사, 변영순 교육강사,그리고 김도운 저술지도교수, 행복에너지 권선복 대표님들의 도움이 현재를 만들었다.

성공사관학교는 다양한 계층에서 전문적으로 활동하는 사람들이 공동의 목표와 비전을 품고 뜻을 합해 결성한 교육전문가 그룹이다. 저마다 한 분야에서 특출한 재능을 지녔거나 전문영역을 가진 여러 사람들이 모여서 친목도 다지고 정보도 교환하면서 창조적인 성과를 만들어 내자는 취지로 결성, 현재 2,755명의 강사 · 교수진이 함께 하고 있다. 행사 중의 하나가 매월 22일에 치러지는 '성사Day'(성공사관학교의 날)이다. 벌써 122회에 걸쳐 열린 성사Day는 국회의원회관에서 매번 다른 강의주제를 통해 교수진 각자가 가지고 있는 새로운 교육이론과

강의 기법을 공유하는 시간이다. 세미나와 함께 동료끼리 다양한 홍보 마케팅 방안을 마련하고 실천하면서 성공사관학교의 공동목표 달성을 향해 한 걸음씩 나아가고 있다.

이 같은 만남에서 우리가 꼭짓점에 두는 것은 동료 간의 결속력과 소속감이다. 지속적인 교육을 통해 전문 강사로서의 자질을 갖추고 역량을 강화해 나가는 것도 중요하지만, 소속멤버 모두가 공동의 비전과 목표를 갖고 한 방향을 향해 나아갈 때 그 그룹은 훨씬 지속적이고 탄탄하게 성장할 수 있기 때문이다. '만나는 사람이 모두 내 인맥이다, 작은 인연도 소중히 하자.' 이것은 인간관계를 둘러싼 나의 오랜 모토(Motto)다. 현재 나의 인맥은 어림잡아 전국에 3만 명이 넘는다. 트위터, 페이스 북, 링크나우 같은 SNS의 인맥까지 합하면 그 숫자는 훨씬 더 늘어난다.

변화 중 하나는 바로 의사소통 방식의 변화일 것이다.

예전에는 사람을 만나서 얼굴을 마주 보는 상황에서만 대화가 가능했으나, 인터넷의 등장으로 이제는 얼굴을 보지 않고도 여러 사람들이 동시에 의사소통을 할 수 있게 되었다. 즉 사이버 세상에서 흩어졌던 동창을 다시 만나고, 새로운 친구를 사귀고, 상대를 스카우트하고, 명강사로 전국적인 스타명강사가 되려면 '디지털 인맥 쌓기' SNS를 통해 자신을 제대로 알릴 수 있는 블로그, 미니홈피, 카페를 운영해 보는 것도 좋겠다.

디지털 인맥 관리는 오랜 시간과 정성을 요구한다.

성공적인 인맥이 될 수 있도록 고민도 하고, 열정과 끈기, 나눔의 정신, 그리고 책임감 있는 노력을 계속한다면 광맥을 얻을 뿐만 아니라 멋진 명강사로 거듭나는 길이 열릴 것이다. 비결은 전화통화를 할 때 또는 이메일을 주고받을 때 교육 담당자와 교육생으로 만났던 사람의 이름과 직함, 그리고 공유했던 경험과 느낌을 짤막하게나마 표현하는 것이다. 그렇게 이름을 불러주어 상대방에게 관심을 가지고 있다는 것을 나타냈을 때, 대화가 보다 친밀하게 이어지고 이를 상대방도 무척 좋아하게 될 것이다. 사람은 자신의 이름에 특별한 관심을 가지고 있기에, 누군가 자신의 이름을 기억하고 불러주는 것에 감동한다. 또 그런 상대에게 호감을 느낄 수밖에 없다.

지금은 Social Network의 시대다.

즉, 주변 사람과의 관계 유지를 통해 그들과 잘 소통하고, 그 관계를 바탕으로 얻어지는 자원으로 더욱 더 큰 성공을 할 수 있는 시대를 살아가는 것이다(이메일:spm6787@naver.com/ http://blog. naver.com/spm6787 010 7586 5928). 가슴 뛰는 삶의 주인공! 자기 주도적 삶이 만드는 행복한 명강사의 길을 향해 Go!

때를 찾는 지혜,
누구에게나 자신의 몫이 있다

소재학 박사

Profile

- 동양 미래학자, 미래예측학 박사 1호
- 국제뇌교육종합대학원 명리미래예측전공 주임교수
- 동국대학교 FCA동양미래예측학최고위과정 주임교수
- 재)하원정미래학회 회장, 동양미래예측연구소 소장
- 국회미래정책연구회 동양미래위원장, 세종로국정포럼 미래정책위원장
- 서울신문 STV그룹 고문, 한국경영혁신중소기업협회 자문
- 동방대학원대학교 교수 및 발전위원장, Earist University 학장 역임

때를 찾는 지혜,
누구에게나 자신의 몫이 있다.

동양미래학자, 미래예측학박사 석하 **소재학**

어느덧 건강을 의식할 연식(?)이 되면서 부터는 아침마다 가벼운 산행을 한다. 보통은 30~40분 정도, 시간적 여유가 있는 날에는 1시간~1시간 반정 정도...

경기 남부의 조용한 작은 도시, 필자가 산행을 하는 뒷산에는 밤나무가 유독 많다. 그러다 보니 해마다 밤이 익을 때만 되면 사람들의 호주머니가 불룩해진다.

아예 산행보다 밤을 주우러 오는 사람들이 더 많은 것 같다. 배낭을 메거나 손에 비닐봉지 등을 들고 밤 줍는 사람들…

나는 바쁘기도 하고 멋쩍기도 하여 보통 산행과 가벼운 운동만 하고 온다.

간혹 밤나무 아래 길을 지나다 보면 알맹이 빠진 밤송이들 사이로 빨간 알밤들이 삐죽이 얼굴 내밀 때가 있다. 그냥 지나치기도 하지만, 어느 때엔 무심코 주워들었다가 다람쥐 청설모 먹이나 하라고 숲에 던져 주곤 한다.

어느 날 등산로 정면에 떨어져 있는 알밤 한 톨을 나도 모르게 주워들었다. 그리고 보니 주변에 빨간 밤톨 들이 널려있다.

보이는 대로 몇 개를 줍다 보니 옆에 밤나무에서 청설모가 튼실한 알밤 한 송이를 물고 내려와 앞에 던져주곤 물끄러미 쳐다본다. 고맙다는 인사라도 받으려는 듯이…

청설모 딴에는 벌레 먹지 않고 좋은 놈으로 고르고 골라 룰루랄라 하며 가지고 가다가 갑자기 마주쳐 얼떨결에 밤송이를 놓쳐버리고 아까워서 쳐다보는지도 모른다.

가을은 모두에게 풍요롭다.
다람쥐 청설모에게나 밤 줍는 사람에게나^^

잠이 곳 밤은 개량종처럼 알이 크지는 않지만 제법 굵은 것도 있다. 굵은 놈 보다 작은 쥐 밤이 맛은 더 좋다. 오늘 산행은 알밤 줍기로 대체했다^^

동틀 새벽녘부터 여러 사람이 다녀갔는데도 불구하고 내 몫은 남아 있었다.

출근을 위해 그만 내려가려는데 옆에 보니 손에 비닐봉지를 든 분들이 이제 막 와서 밤을 줍고 있다. 그들 역시 잠시 후면 자신의 몫을 주워 갈 것이다.

인생 역시 마찬가지이다.
너무 조급해할 필요는 없다.
남들이 다 차지할 것 같지만
누구에게나 저마다의 몫이 있게 마련이다.

무조건 부지런하다고 좋은 것도 아니다.
너무 이른 새벽에는 밤이 잘 보이지 않는다.
남들 가기 전에 일찍 가는 것도 중요하지만,
정말 중요한 것은 밤이 떨어진 뒤에 먼저 가는 것이다.

아무리 일찍 가도 밤이 떨어지지 않았다면 아무 의미가 없다.
또한, 무턱대고 노력만 한다고 다 되는 것은 아니다.

기회는 누구에게나 있지만
가을이 되어야 밤을 주울 수 있듯이
자신만의 때가 되어야 원하는 성과를 이룰 수 있다.
아무 때나 산에 간다고 밤을 주울 수 있는 것이 아니듯이…

그래서 세상 모든 일에는 노력 못지않게, 혹은 노력 이상으로 때
가 중요한 것이다.

대자연에 때가 있듯이 사람에게도 자신만의 때가 있다.
일에도 때가 있고, 성공에도 때가 있다.
대자연에 사계절이 있듯이 인생에도 사계절이 있다.

이렇게 때를 찾는 가장 좋은 방법 중 하나가 자신의 '석하리듬'을
아는 것이다. 이 '석하리듬'은 사람의 삶이 10년을 주기로 일정한
반복의 패턴을 가지고 있다는 것이다.

　이를 사계절로 구분해 본다면 2년은 봄이고, 3년은 여름, 2년은 가을, 3년은 겨울로 나누어진다.

　여름과 가을의 5년은 운이 좋은 시기에 해당하며, 겨울과 봄의 5년은 운이 약한 시기이다. 특히 늦여름부터 가을까지의 3년은 사회적으로 잘 나가는 행운의 시기가  되며, 반면 겨울 3년은 운이 가장 약한 시기로 인생의 함정에 해당한다.

　이때는 일이 잘 풀리지 않으며 인간관계에 어려움을 겪게 되고 매사 자신감을 잃게 된다. 또한, 실패를 맛보게 되며 인간적인 배신을 겪게 되고 건강 역시 나빠지게 된다.

　물론 사람의 삶에는 10년 주기의 석하리듬만 있는 것이 아니고, 더 큰 흐름의 주기 등이 있기에 석하리듬만으로 모든 부분을 논할 수는 없지만, 이 석하리듬이 가장 명쾌하게 나타나는 주기이며 흐름이기에 이를 찾아 제대로만 활용한다면 한 번뿐인 삶을 보다 성공적이며 지혜롭게 이끌어 갈 수 있을 것이다.

　어느덧 2016년도 달력의 한 장만을 남겨 놓고 있는 11월이다. 동양의 전통적 관점으로 볼 때 양력 11월은 24절기의 입동(立冬)과

소설(小說)이 들어 있는 달이다.

이것은 또한 음양오행설에서 겨울의 수(水) 기운이 강해지고 반대로 오행 화(火)의 기운이 극히 약해지는 시기가 된다. 그렇기에 대표적으로 화에 해당하는 직군인 연예계는 해마다 이맘때 쯤 되면 '11월 괴담 설'에 휘말리기도 한다.

특히나 올해 2016년 병신(丙申)년은 화 기운이 극성(極盛)을 지나 약해지는 시기이기에 필자는 이미 미래학자 공동저서 "대한민국미래보고서"나 칼럼, 특강, TV, 미래학세미나 등을 통해 화(火)의 직업군에 해당하는 IT업계 등의 위기에 대해 이야기하며, 그 대표기업 삼성전자의 위기에 대하여도 이야기를 했었다.

개구리가 높이뛰기 위해서는 한번 주저앉아야 한다.

다가오는 2017년 가을, 2018년 시작되는 제2의 IMF, 대한민국 경제의 위기도 크게 보면 진정한 강성대국 대한민국으로 높이 도약하기 위해 잠시 주저 않는 과정이라고 볼 수 있다.

당면한 과정만을 본다면 위기이고, 불경기이고, 어려운 시기이지만,

멀리 본다면 더 큰 성장을 위한 하나의 과정인 것이다.

 2016년 11월 12월, 2017년 1월은 그러한 조짐들이 나타나는 시기이기에, 조금은 혼란스러운 일이 있을 수도 있지만, 당황하지 말고 큰 흐름으로 바라본다면 보다 지혜롭고 현명하게 대처할 수 있을 것이다.

동양미래학자, 미래예측학박사 1호
국제뇌교육종합대학원 석좌교수 석하 소재학
www.hawj.co.kr

국민의 건강은 국가의 경쟁력이자
행복한 국가 비전이다

심재평 교수

Profile

- 명지대학교 산업대학원 건강과학산업학과 객원교수
- 열린사이버대학교 뷰티건강디자인학과 조교수
- 한국과학기술정보연구원(KISTI) 뷰티건강산업지식연구회 부회장
- 고려대학교 의과대학 통합의학연구소 연구원
- 한국모션테이핑학회 회장 / 대한건강운동관리사협회 이사
- 대한통합의학교육협의회 교육이사 / ㈜스포밴드 스포츠과학연구소 연구소장
- 한국산업인력관리공단 한국사회적기업가 육성 멘토

국민의 건강은 국가의 경쟁력이자 행복한 국가 비전이다

명지대학교 산업대학원 건강과학산업학과 객원교수 **심 재 평**

우리나라는 OECD 국가에서 암사망률 1위, 산업재해율 1위, 교통사고율 1위, 자살률 1위에 초고령화 사회 1위 그리고, 국민행복지수 최저를 기록하고 있다. 평가기준에 다양한 견해가 있을 수 있겠지만 결론은 초고속 경제성장에 따른 후유증으로 그 원인을 찾고 싶다. 그런데 불명예 1위의 상위 요인들 모두가 공통된 특징을 지니고 있다. 바로 심신의 건강이 인간의 행복에 아주 밀접한 관계를 맺고 있다는 사실이다. 현재 사망률 1위인 암으로 인한 사망 원인은 육체적(유전적)인 그리고 환경적 건강관리 부재의 대표적인 결과물이라 판단된다. 암은 나이와 성별에 상관없이 복합적이고 다양한 원인으로 밝혀진 질병이다. 가장 염려되는 것은 연령이 고령화로 접어들수록 그 발병률이 높아지고 있다는 사실이다. 또한 암은 자살률에도 직접적으로 영향을 주고 있다. 빈곤 노인들의 암 발생율은 국내 자살률을 높이는 결정적인 원인이 되었고 이미 청소년 자살률을 넘어선지 오래다.

산업재해사고나 교통사고, 자살의 원인으로는 심리적 건강상태가 직접적으로 연관되고 있다. 안타까운 사실은 현대인들의 수면부족에 의해서 비롯된 결과물이라는 점이다. 일종의 문명병의 대표적인 사례라 할 수 있다. 인터넷과 스마트폰의 시대에 따른 시간관념이 무색해진 글로벌한 세상, 그리고 대낮과 같은 밝은 밤과 낮이 24시간 공존하는 생활문화 패턴이 그 환경적 원인으로 보고되고 있다. 또한 업무 스트레스와 과로 그리고 만성피로는 심리건강을 악화시키는 주요 원인으로도 밝혀지고 있다. 쉬는 것 자체도 부담으로 여겨지는 요즘 직장인들의 비애(悲哀)이자 그릇된 사회적 직장문화라고 볼 수 있다. 현대인들이 쉬지 못해서 과로로 발생된 직장 내 산업재해사고 그리고 교통사고의 주요 원인이 부주의와 졸음운전이라고 한다. 이 역시 휴식의 부재로 발생된 사고로 보고 있다. 직무스트레스와 쉬지 못해서 발생된 수면 부족은 정신적 고통을 수반하고 우울증이 동반된 자살에도 직접적인 주요 원인이 되고 있다.

　과거 3~5년 전 청소년들의 자살률을 무척 걱정했던 기억이 있다. 연예인들의 연이은 자살 소식은 유행병처럼 번져 나갔고 사회적 문제로 정착된 지는 이미 오래된 일이다. 하지만 정부는 자살방지를 위한 특별한 정책이나 효과 있는 뚜렷한 대안을 아직까지도 제시하지 못하고 있다. 가난과 질병은 국가가 구제를 못한다는 말이 현실적으로 입증되고 있는 예라 할 수 있다.

　현실적인 대안으로 직면한 이 사회적 문제는 결국 국민 스스로가 극복해야하는 상황이 되어버렸다. 과거 한강의 기적을 통한 우리나라의 경제적 발전은 베이비부머 세대의 훈장이었다. 그들은 잘 살아 보겠다는 꿈과 정신력으로 버티어 왔고 배고픔을 벗 삼아 살아 왔다. 하지만 가난을 극복하고 국가 경제력에 이바지한 대가치고, 각종 성인병과 만성질환으로부터 영원히 보호를 받지 못하는 혹독한 현실에 놓여있다고 보여 진다. 그 이유는 바로 초고령화 사회로 접어들면서 경제적·사회적 비용이 천문학적으로 늘어가고 있기 때문이다.

　2035년에 전 인구의 45%가량이 60세 이상의 노인들로 길거리에 가득 찰 것이다. 초고령화에 중요한 영향을 주는 것은 바로 출산율이다. 노인인구의 증가 보다 출산율이 현격히 떨어지고 있다는 사실이다. 출산율 저하의 원인은 아이를 갖지 않는 유행도 문제이지만 결혼을 기피하는 젊은 세대들의 신종 문화로 정착되고 있다. 이 문제는 혼자 사는 즉, 1인가구의 생활문화로도 확산되고 있다.

결혼기피, 출산기피, 직업기피 등의 부적절한 사회현상으로 발생되는 생산성 저하는 성인 1명의 생산성으로 결국 노인 5명을 먹여 살려야 한다는 어이없는 통계치로 발표되기도 했다. 가난과 질병은 또한 국민들의 행복지수에도 직접적인 영향을 주는 요인이기도 하다. 모든 사람들은 행복의 조건 1위를 건강으로 손꼽고 있다. 국력은 체력이 아닌 건강이다. 국민의 건강은 향후 국가의 가장 큰 경쟁력이 될 것이고 행복한 국가의 기준이 될 수도 있다.

건강은 단순히 질병이 없는 상태를 의미하는 것이 아니라 육체적으로, 정신적으로, 사회적으로 온전한 상태를 말한다. 근래에는 영(靈)적인 건강까지 그 범주를 넓혔다. 행복이 결국 바로 건강이라는 명백한 사실인 것이다. 국민들의 건강은 행복한 나라를 만드는 필수 요소라는 점이다. 그럼 건강관리를 어떻게 해야 할 것인가? 누구나 쉽게 의문을 제기할 수 있는 화두이다. 학문적으로 건강은 고통과 병이 없는 상태를 말한다. 고통은 심리·육체적 통증을 수반하는 고통을 말하며 병(病)은 현대 의학적으로 질병(疾病)과 질환(疾患)으로 구분을 하고 있다. 질병은 현대의학에서 판정하는 기준에 따른 정의이고 질환은 질병 뿐 만아니라 질병

과 관련한 포괄적인 모든 병적요인을 말한다. 심장병, 당뇨병 등은 단순한 질병적인 정의이고 만성질환과 같은 의미는 질병과 관련한 모든 원인과 결과를 뜻하는 것이다.

인간의 건강을 좌우하는 것은 자연치유력과 혈액순환이라 할 수 있다.

자연치유력은 우리 몸이 가지고 있는 항상성, 면역력, 재생 및 복원력 그리고 균형(밸런스)이다. 모두 외부 환경 적응에 따른 생리·화학적 현상을 말한다. 혈액순환은 우리 몸의 물리적 작용에 따른 기능이다. 위의 4가지 요소를 담고 있는 자연치유력은 질적으로 건강한 혈액을 만들어 내는 것이고, 건강한 혈액은 심장과 혈관을 통하여 우리 몸의 미세한 혈관과 세포까지 잘 전달이 되어야 한다는 뜻이다. 다시 말하자면 건강한 혈액과 심혈관의 기능이 결국 우리 몸을 건강하게 만든다는 사실이다.

건강한 혈액은 질이 풍부한 산소와 영양 그리고 휴식에 의해 결정된다. 여기에서 휴식은 우리 몸의 정화(淨化)와 활력을 만드는 멋진 능력을 발휘한다. 적당한 휴식은 충분한 수면과 휴양(休養)이다. 또한 건강한 수면과 휴양(休養)은 심리적 건강을 만들어 내는 최고의 방법이다. 혈액순환의 물리적 기능을 좌우하는 것은 심장과 혈관이다. 심혈관을 건강하게 하는 최고의 방법은 운동이다. 운동은 현대인들의 건강관리에서 빼 놓을 수 없는 핵심 요소이다. 과거 육체적 노동이 많았던 베이비부머 세대들에게는 운동은 오히려 피로와 과로를 양산하는 문제로 대두된 적이 있다. 그 원인은 육체적 활동에 비해 충분한 영양(營養)과 휴식이 받쳐 주지 못했기 때문이다. 그러나 현대인들은 오히려 육체적 노동보다는 정신적 노동이 더 많아졌고 이에 따른 운동부족 현상과 사치스러운 음식문화 때문에 비만과 더불어서 심신에 다양한 오염(汚染)을 초래하고 있다. 이 문제는 결국 현대인들이 운동을 통한 대사순환 관리를 하지 않으면 안 되는 중요한 건강관리 문제에 놓여있다는 것이다.

그러나 운동은 실천하기 무척 힘들다. 그만큼 힘들고 어렵다는 것이 그 원인이다. 운동만큼의 효과를 가지고 있지는 않지만 도움이 되는 또 하나의 방법이 있다. 우리 몸을 따뜻하게 유지하거나 몸의 온도를 올리는 방법이다. 일본의 한 면역학 박사는 우리 몸의 온도 1도만 올린다면 면역력을 100배로 끌어올릴 수 있다고 하였다. 자연치유력을 위하여 혈액 순환을 돕는 간접적인 또 하나의 방법이 바로 따뜻한 열을 이용하는 것이다. 반신욕이나 적당한 땀을 흘릴 수 있는 스파(SPA) 그리고 다양한 온열요법의 효과가 그것이다. 따뜻한 온열요법은 자연치유력을 높이는 좋은 방법이면서 어느 누구도 쉽게 실천할 수 있다. 일본에서는 불치의 말기 암환자들의 생존력을 높이는 가장 핵심적인 치료방법을 온천욕이나 스파로 손꼽고 있다. 그리고 반신욕조 활용방안을 제시하여 가정에서도 손쉽게 실천할 수 있는 사회적 건강관리 지원 시스템이 함께 하고 있다고 한다.

국내 의료시스템은 세계적인 수준이다. 특히 국민 건강검진은 전 세계인들이 부러워하는 시스템이기도 하다. 조기 암의 발견은 생존율을 높이는 가장 중요한 방법으로 우리는 이미 잘 알고 있다. 어쩌면 정기적인 건강검진이 건강관리의 가장 기본적인 실천요소가 아닌가 생각한다. 건강검진은 결국 자신의 현재 건강척도와 기준을 만드는 훌륭한 건강관리 방법이다.

언젠가 TV에서 모교수가 행복의 종합세트를 여행이라고 주장하면서 여행을 통하여 행복을 추구하는 방법을 제안하는 내용이 있었다. 여행을 통하여 오감을 만족시키고 함께하는 이들과 심신의 건강함 그리고 행복감을 한꺼번에 모두 누릴 수 있다는 것이다. 어쩌면 건강관리와 행복의 실천은 이렇듯 내 주변 가까이에 있다고 볼 수 있다. 여행을 통하든 멋진 취미생활을 통하든 자신의 건강을 관리하고 주변 사람들과 같이 소통하면서 행복감을 공유하는 것, 그것이 우리가 찾는 자연치유력을 높이는 손쉬운 실천 방법일수도 있다고 생각한다. 행복은 멀리 있는 것이 아니라 가장 가까이 자신의 내면의 만족과 건강에 있고 우리 주위의 모든 사람들과 함께 삶을 공유하면서 살아 있는 만족감을 통해서 얻는 것이라고 생각하기 때문이다.

앞으로 다가오는 우리나라의 미래는 그렇게 긍정적이라고 예측할 수 없어 보인다. 하지만 현재 우리의 삶의 방식이 미래에 많은 영향을 미치지 않겠는가?

바로 지금 우리 스스로의 건강을 위한 노력과 실천, 그리고 행복을 함께 공유하는 문화를 만들어 볼 것을 제안 해보고 싶다. 이것은 우리나라의 국력을 높이고 미래 후손을 위한 값진 또 하나의 새로운 정신문화 유산으로 남길 수 있을 것이라 생각하기 때문이다.

중국 고전에 화타라는 인물이 자신과 자신의 형들을 통하여 세상의 3종류의 의사를 표현한 말이 떠오른다. '하의(下醫)는 가장 미천한 의사로 죽어가는 환자를 치료하는 의사를 말하고 중간가는 중의(中醫)는 막 병이 들어 고통 받는 환자를 치료하는 의사를 말하며, 병이 들기도 전에 병이 들지 않도록 미리 건강관리를 해 주는 의사를 상의(上醫)'라고 하였다. 이 표현은 과거나 현재나 우리에게 전하는 메세지가 무척 강렬해 보인다. 그것은 세상의 3종류의 의사를 지칭하기 보다는 우리 스스로의 건강관리를 화두로 전하는 의미라 생각하기 때문이다.

'세상에는 3종류의 사람이 있다. 가장 어리석은 사람은 죽어가는 병을 안고 의사에게 가는 사람이고 중간가는 사람은 막 병이 들어 의사에게 치료 받는 사람이고, 가장 현명한 사람은 병이 들기 전에 스스로 건강관리를 하는 사람'이다. 신이 주신 선물이자 우리 모두가 몸속에 소유하고 있는 자연치유력을 통하여 병이 들기도 전에 스스로 건강관리를 잘 하는 사람이 가장 현명한 사람이라는 것이다.

구름을 벗어난 달과 같이...

웅산 원종 스님

Profile

■ 창원 성주사 주지

구름을 벗어난 달과 같이...

창원 성주사 주지 **웅산 원종**

옛날 브라흐마닷타 왕께서 바라나시를 거느리고 있을 때입니다.

바라나시 왕궁 근처에는 큰 공원묘지가 하나 있었는데 그 부근에 수백 마리의 개들이 살고 있었습니다.

하루는 왕이 수레를 타고 꽃구경을 갔다가 궁궐로 돌아왔습니다.

마차를 몰던 마부는 밤이 늦어 가죽 끈을 매어 둔 수레는 뜰에 둔 채 말만 마구간에 매어두고 집으로 돌아갔습니다.

그날 밤 비가 내려 마차에 엮어져 있던 가죽 끈들이 모두 물에 젖자 궁궐에 살고 있던 개들이 그 가죽 끈을 전부 뜯어 먹어 버렸습니다.

다음날 아침 왕이 행차하기 위해 마차를 타려 하는데 마차에 가죽 끈이 보이지 않았습니다.

대신들은 왕에게 개들이 가죽 끈을 모조리 뜯어먹었다고 아뢰었습니다.

그러자 화가 난 왕은 "개란 개들은 보이는 대로 다 잡아 죽이라."고 명을 내렸습니다.

명을 받은 대신들은 아무리 짐승이지만 매일 보면서 정이 들어서인지 궁궐 안에 있는 개들을 놔두고 멀리 궁궐 밖의 개들부터 잡아 죽이기 시작했습니다.

이 소식을 듣고 개들이 두려움에 떨며 여기저기 도망 다니자, 슬기로운 개 한 마리가 모든 개들을 안심시킨 뒤 궁궐 안으로 뛰어들어갔습니다.

뛰어 들어오는 개 한 마리를 보고 대신들은 잡으려 허둥댔지만 그 개는 쏜살같이 왕의 용상 밑으로 기어들어갔습니다.

개가 용상 밑에 들어가 나오지 않자 왕은 대신들에게 그 개를 잡지 못하도록 명하였습니다.

그리고 그 개에게 물었습니다.

"너는 어떠한 연유로 여기까지 온 것이냐?"

"대왕이시여, 저는 대왕의 나라에 사는 개입니다. 제가 여기 온 것은 다름이 아니오라 대왕께서 어떤 연유로 개란 개는 모조리 잡아 죽이시는지 알고 싶어 왔습니다."

"내 마차의 가죽 끈들을 개들이 전부 뜯어먹었기 때문이다. 그래서 성안의 모든 개들을 죽이라고 명을 내렸다."

그러자 개가 하는 말이

"대왕이시여, 어떤 사람이 죄를 지었는데 그 죄를 지은 사람을 잡지 못했다 하여 다른 사람들에게 그 죄를 물어서 피해를 입힌다고 하면 그 일이 옳다고 생각하십니까? 죄를 지은 사람에게 벌을 주지 않고 다른 사람에게 벌을 준다고 하면 그게 옳은 일입니까?"

"아니다. 그것은 잘못된 일이다. 죄인을 못 잡는다 하여 다른 사람에게 피해를 줄 수는 없는 일이다."

"대왕이시여, 저희들도 대왕의 나라에 사는 대왕의 백성들입니다. 제가 가죽 끈을 뜯어 먹은 개들을 잡아들이겠습니다. 잡을 방법을 알려드리겠습니다."

"네가 어떻게 잡아내겠느냐?"

"대왕이시여, 낙장(酪漿)과 길상초(吉祥草)만 주신다면 제가 잡아내겠습니다."

왕의 명으로 개에게 낙장과 길상초가 주어지자 궁궐에 있는 모든 개들을 전부다 모았습니다.

그리고는 궁중의 개에게 길상초를 탄 낙장을 먹이자 간밤에 뜯어 먹은 가죽을 모두 토해 냈습니다.

그렇게 해서 궁궐에 있는 개들이 가죽 끈을 먹었다는 것을 밝혀 냈습니다.

"보십시오. 임금님께서 정의를 가려서 정치를 베풀지 못한다면 이렇게 애꿎은 백성들이 피해를 보게 되는 것입니다."
왕은 개의 말을 듣고 큰 깨달음을 얻었습니다.

자신의 잘못을 크게 뉘우치고 그 뒤부터는 무슨 일이 생기면 바른 법을 기준으로 정의를 밝혀 어진 정치를 베풀었다고 합니다.

왕이 정도를 따르지 않으면 충신은 물러나 숨어 버리고 지혜 있는 자도 분규에 휩쓸릴까 두려워 침묵하고 마는 것입니다.

아첨하는 자만이 정권을 잡고 제 마음대로 공권력을 휘둘러 부정하게 축재하는 것이니 백성들의 어려움은 날이 갈수록 더하게 되는 것입니다.

왕이 정도를 지키고 선정을 베풀면 백성들의 삶은 나날이 풍족해지고 나라는 번성하게 되는 것입니다.

사람에게 잘못이 있더라도 뒤에 그 잘못을 반복하지 않는다면 이 세상을 비추는 훌륭한 사람이 될 것입니다.

비록 나라가 혼란하고 경제가 어렵더라도 법을 고치고 구조를 바꾸고 바른 마음 청정한 마음 정의로운 마음으로 정사를 편다면 이 나라는 화평하고 백성들의 삶은 풍요로울 것입니다.

마치 구름을 벗어난 달과 같이...

창원 성주사 주지 : 웅산 원종 합장

3분이면
당신의 비전이 이루어진다

유대원 교수

Profile

- 現) 한국산업교육협회 회장, 고려대 교육대학원 외래교수
- 한국마술산업진흥학회 부회장, 한국센터링 대표 컨설턴트
- 재) 여의도연구원 정책 자문교수, 삼성그룹 사내강사양성 지도교수
- 법무연수원, 고용노동연수원 객원교수, 대한합기도협회 홍익관 중앙 총 관장 공인 9단
- 저서) 센터링, 센터링의 초대, 3분 힐링, 인적자원 개발의 이해외 다수
- 시상) 제1회 한국산업교육대상-명강사부문 수상(2010.01.13. 한국산업교육협회 주관)
  제3회 한국산업교육대상- 명강사부문 수상(2000.12.23. 월간산업교육 주관)

3분이면
당신의 비전이 이루어진다

한국산업교육협회 회장 유 대 원

미션(mission)과 비전(vision)

미션이란 나의 인생에서 추구하고자 하는 궁극적인 가치로서 내가 살아가는 이유이다. 따라서 죽는 그 순간까지도 이루고 싶은 것이며 또한 이루기 위해 노력해야 하는 것이다. 지금 당장이 아니라 삶의 마지막 순간에 세상을 향해 나는 이런 사람이었다고 말하고 싶은 그것이 내 인생의 미션이다.

통상 꿈이란 것은 미래의 불확실성에 대한 현재의 막연한 바램이라고 할 수 있다. 미션이 내가 살아가는 이유라고 한다면 비전은 내가 살아가는 방법이다. 비전이란 미션을 이루기 위한 실체를 정하는 것으로서 미래의 지향점이다. 따라서 미션을 이루기 위한 과정을 구체화하여 보여줄 수 있는 것이 비전이다. 또한 미션과 마찬가지 이지만 비전은 반드시 구체화 되어야 한다.

비전을 이루기 위해서는 단계적인 실천이 필요한데 여기에서 센터링이라는 글로벌 개념의 수행과 방법을 소개한다.

1) 생활명상 센터링 수행목적

첫째; 집중력 향상을 통한 최고의 성과를 이룩하는 것이다.
둘째; 비전을 명확히 하여 자기 몸 안에 내재되어 있는 잠재능력을 향상하고,
셋째; 중심 잡힌 삶을 생활화함으로 자신을 극복하는 진정한 강자가 되는 것이다.

센터링이란 무엇인가?

센터링(Centering)은 모든 것을 포괄하는 중요한 글로벌 개념 이며 수행(修行)의 문화를 대표하는 21세기의 새로운 화두(話頭) 이다. 센터링에는 전통적인 모든 수행법과 성현(聖賢)들의 생생한

메시지가 집약되어 있다. 그 안에는 역동하는 무궁한 에너지가 담겨 있다. 원래 센터링이란 미국의 토마스 크럼(Thomas Crum) 교수가 개념화한 것이다. 그는 일생동안 동양무술과 참선(參禪) 등 동양의 여러 수행을 해왔으며 깊은 깨달음 중에 자신이 해온 모든 수행이 농축된 이 위대한 개념을 창안하게 되었다.

센터링이란 쉬워 보이나 진정 중심이 어디인지 정확하게 아는 사람은 많지 않다. 모든 사물에는 반드시 중심점이 있는데 대우주의 중심점이 어디일까? 강의 하면서 질문을 던져 보면 정답을 맞추는 사람이 별로 없다. 정답은 자기 자신이다. 내가 없으면 가족도 직장도 국가도 의미가 없는 것이다. 그러므로 우주에서 하나 밖에 없는 자기 자신을 소중하게 생각하고 함께 하고 있는 가족, 친구, 동료, 고객 등 만나는 모든 사람을 소중하게 대하여야 하는 것이다.

그러면 자기 육체 의 Center(중심)은 어디에 있을까? 자기 몸의 중심은 배꼽에서 3촌(寸) 아래에 있는 단전(丹田)이다. 따라서 단전은 인간에게 있어서 생명력의 근원이다. 엄격히 말해서 단전은 체내에 3곳이 있는데 이를 하단전, 중단전, 상단전이라 하며 이중에 하단전은 배꼽 및 3촌(寸)이 되는 관원(關元)혈로 자신의 검지에서 새끼손가락을 가지런히 배꼽에 대었을 때 바로 끝 부문에 해당된다.

관원(關元)이란 근본(센터)으로 통하는 관문이란 의미이며,

수많은 혈중에서 마음으로 통하는 유일한 혈이기도 하다. 중단전은 가슴의 정 중앙에 있는 전중혈을 뜻하고 상단전은 양미간 바로 위의 인당(印堂)을 말한다. 이 3가지 단전 중에서 하단전이 제일 근본이 되는 곳이므로 보통 단전이라고 하면 하단전을 의미한다.

흔히 말하는 단전호흡(丹田呼吸)이란 하단전을 중심으로 하는 호흡을 말한다. 하단전 부위를 기해(氣海)라고도 칭하는데, 이는 전신의 기(氣)가 이곳에 집중되기 때문이다. 그렇다면 우리의 센터(중심)는 단전인가? 엄격히 말해서 단전은 방편상의 중심이다(따라서 센터가 단전이라는 말은 한편으로 맞기도 하고 또한 틀리기도 한 말이다). 진정한 우리의 센터는 몸이 아닌 마음에 있기 때문이다.

센터는 마음속 내부에 있는 진정한 중심이다.

그렇다면 마음의 중심은 어디에 있을까? 이는 우리의 내면 깊은 곳에 있는 잠재의식의 심연(深淵)이다. 그곳에 참 나, 진정한 내 마음(魂), 절대아(絕對我)가 자리 잡고 있다. 이러한 근본자리(센터)는 무형의 장소 이므로 아무 곳에도 없으며, 또한 모든 곳에 있다. 따라서 방편상 단전을 우리의 심신의 센터라고 한다. 물론 단전은 관원이라고 하듯이, 마음의 근본자리와 통하고 있다. 따라서 우리는 유형의 센터인 단전을 통해 무형의 센터(마음의 근본자리)에 도달할 수가 있는 것이다.

2) 센터링의 효과

센터링의 놀라운 효과가 실생활이나 여러 임상실험에 의해 과학적으로 속속들이 밝혀지고 있다. 우리나라에도 급격하게 만연하고 있는 각종 현대병인 고혈압, 심근경색, 뇌졸중, 암 등의 원인은 여러 가지가 있으나 가장 중요한 원인은 스트레스이다. 그런데 우리가 센터링을 수련하다 보면 스트레스를 겸허하게 받아들여서 삶의 원동력으로 승화 시킬 수 있는 힘이 생기고 마음의 평정을 되 찾을 수 있게 된다. 따라서 신경성 위장장애 같은 증상이 신기할 만큼 말끔히 사라진다. 센터링 중에는 혈압도 정상화 된다.

박희선 박사(전 서울대학교 공과대학 학장/대학원장)의 연구에 따르면 심장 확장 시에 1분에 약 5회 가량, 심장 수축 시에는 약 10회 가량 즉, 평균 15회 가량 혈압이  떨어지는 것으로 나타났다. 센터링 중에는 혈액중의 산소 소비량이 현저히 떨어져 혈액중의 산소와 이산화탄소의 균형이 항상 일정하게 유지된다. 이는 암의 예방과 치료에 센터링이 큰 도움이 된다는 것을 의미한다. 신체적으로는 설명한 대로 여러 만성 질병에 효과가 있으며 정신적 효과 로는 자기관리 능력, 집중력 및 잠재능력 향상, 심리적 안정, 삶에 대한 자신과 여유, 자아완성 및 인간관계 향상 등이 있다.

센터링의 장점으로는

첫째; 시간의 계약을 받지 않는다. 1일 3분만 지속적으로 수행하면 분명한 효과를 본다.

둘째; 공간의 계약을 받지 않는다. 가정이나 직장이나 걷거나 서있을 때도 센터링을 할 수 있다.

셋째; 누구나 쉽게 할 수 있다. 나이의 제한 없이 남녀노소 쉽게 센터링 수행이 가능하다.

넷째; 비용 부담이 없다. 값비싼 건강식품이나 보약과 달리 일단 센터링을 배우고 나면 아무런 비용이 들지 않는다. 단지 계속적인 수행만 하면 된다.

다섯째; 부대시설이 필요 없다. 센터링을 하기 위해서는 아무런 시설이나 도구가 필요치 않으며, 어떠한 복장이든지 간편하게 센터링이 가능하다.

3) 센터링의 수련방법

호흡은 생명의 본질이며 센터링의 요체이다. 고요히 호흡을 조절하는 것만으로도 우리는 센터링을 체험하게 되며, 무한한 우리의 잠재능력을 이끌어 낼 수 있다. 센터링 호흡법의 기본은 깊고, 가늘고, 길게 이다. 흥분된 상태에서 호흡을 하면 가슴으로

<입식센터링 수행 측면 모습>

숨을 쉬는 폐첨 호흡을 하게 되고 말을 함부로 하는 등 큰 실수를
하게 된다.

호흡법의 중요성은 이루 말로
표현할 수 없으며 센터링 호흡법
의 기본(깊고, 가늘고, 길게)을 지
속적으로 실행하면 무한한 잠재
능력을 자유자재로 이끌어 낼 수
있다. 센터링 수련 법은 이외에도

<입식센터링 수행 전면 모습>

입식센터링, 좌식센터링, 이완센터링, 와식센터링, 보식센터링, 약
식센터링, 집단센터링 등이 있으나 지면 관계상 생략할 수밖에 없
어 보다 관심이 있는 독자는 학지사 발행 "3분힐링"을 보시면 큰
도움이 될 수 있다.

4) 비전센터링

꿈이란, 앞으로 다가올 내 인생의 미래를 먼저 그려 보는 것이다.
포기하지 않는 꿈은 반드시 이루어진다. 꿈을 명확히 문자화(종
이 위의 기적- 쓰면 이루어진다. 한언출판사 발행 참조), 또는 그
림으로 그려서 비전으로 만든 다음 센터링할 때마다 비전을 생각
하면 뇌는 현실과 상상을 구분치 못하기에 3개월이 지나면 상상을
현실로 받아들이며 기적 같은 일이 이루어지게 된다. 무한한 잠재
능력 과 코드를 맞추게 되어 내 몸과 마음을 바꿀 수 있는 꿈같은

경험을 하게 될 것이다.

필자는 개인의 변화는 물론이고 조직에 적용하였을 때(집단센터링 활용) 조직도 창조적으로 변화하는 것을 여러 번 확인한 적이 있다. 아무쪼록 비전을 명확히 하고 3분 센터링을 지속적으로 수행하여, 이 어려운 고비를 현명하게 극복하고 여러분의 멋진 비전이 반드시 이루지기를 기원한다.

* 참고도서 *

1. 센터링; 토마스 크럼 지음 유대원 옮김(2002년/21세기 북스)

2. 센터링의초대; 주디스워너,유대원 공저(2002년/21세기 북스)

3. 3분이면 당신의 운명을 바꿀 수 있다; 유대원, 이명복 공저
   (2004년/학지사)

4. 3분 힐링; 유대원, 이명복 공저(2013년/학지사)

5. 고혈압 3분이면 치료 한다; 박기원 저.(2004년/BCM미디어)

6. 종이위의 기적. 쓰면 이루어진다; 헨리에트 앤 클라우저 저
   (2004년/한언출판사)

더 이상 꿈꾸지 않을 때를 두려워하라!

이보규 소장

Profile

- 현) 21세기사회발전연구소장 / 수필가 시인한국문인협회 회원
- 전) 서울시 산하국장 및 한강사업본부장 역임
- 전) 용인대학교, 호서대 창업대학원, 동서울대학교 출강
- 서울시립대학교 도시과학대학원(석사) / 서울대 행정대학원(국가정책)수료
- 삼성경제연구소 / (사)한국강사협회 / (사)국민성공시대 선정-대한민국 명강사/대표강사
- 새마을훈장 근면장 / 홍조근정훈장 수상 대통령 외 다수
- 저서:<이보규와 행복디자인21> <잘나가는 공무원은 어떻게 다른가> 외 공저 다수

더 이상 꿈꾸지 않을 때를 두려워하라!

21세기사회발전연구소 소장 이 보 규

비전이란 무엇인가?

우리의 가장 큰 가치 중의 하나가 행복한 삶이라고 한다. 그렇다면 행복이 무엇인가? 행복의 요소는 무엇일까? 정답은 없겠지만 대부분이 누구나 행복을 추구함에는 변함이 없다. 철학자 임마누엘 칸트는 행복하기 위해서는 일을 해야 하고, 누군가를 사랑을 해야 하고, 희망을 가져야 한다고 했다. 그렇다면 희망은 또 어떤 의미를 지니고 있는가? 그것이 비전이고, 꿈을 꾸고, 그 꿈을 희망으로 익혀 가는 것이다. 그것이 바로 비전인 셈이다.

비전은, 원하는 미래의 모습을 그리는 것이라고 한다. 비전은 목표와 계획을 보여주는 것이고, 자신이 원하는 꿈을 구체적으로 나타내는 것이다. 그러므로 비전은 매력적이면서도 가슴을 두근거리게 만드는 생생한 영상이어야 한다. 예를 들어 1963년, 마틴 루터 킹 목사는 링컨 기념관 앞에서 당시 흑인으로서 자신의 비전에 대해 이야기 하였는데, 그 내용은 다음과 같다.

"나에게는 꿈이 있습니다. 조지아 주의 붉은 언덕에서 노예의 후손들과 노예 주인의 후손들이 형제처럼 손을 잡고 나란히 앉는 꿈입니다. 나에게는 꿈이 있습니다. 불의와 억압이 존재하는 미시시피 주가 자유와 정의의 오아시스가 되는 꿈입니다. 나에게는 꿈이 있습니다. 내 아이들이 피부색을 기준으로 사람을 평가하지 않고, 인격을 기준으로 사람을 평가하는 나라에서 살게 되는 꿈입니다. 나에게는 꿈이 있습니다. 지독한 인종 차별주의자들과 주지사가 간섭이니 무효니 하는 말을 하고 있는 앨라배마 주에서 흑인 어린이들이 백인 어린이들과 형제자매처럼 손을 마주 잡을 수 있는 날을 맞이하는 꿈입니다."

이 연설은 미국 역사뿐만 아니라 인류 역사에 길이 남을 명연설로 알려져 있다. 이것이 비전이다. 그것은 바로 원하는 미래의 모습을 보여주는 비전에는 꿈을 향해 끊임없이 노력하도록 만드는 힘이 담겨있기 때문이다. 꿈을 향한 열정의 불꽃이 사그라지지 않도록 끊임없이 연료를 공급하는 것. 비전의 힘은 바로 여기에 있다.

그렇다면 비전은 꿈을 향해 노력하는 힘이다. "이 세상에 꿈꾸지 않는 사람은 시체밖에 없다."라는 말이 있다. 도전의 순간에 늘 성공하는 사람들은 남들이 볼 때 참 많은 것을 이룬 것 같은데도 여전히 새로운 꿈을 꾸고 추구하는 것에 거리낌이 없다. 그런 열정적인 사람들은 많은 것을 이룬 시점에서도 늘 절실한 뭔가가 남아있다는 느낌을 버리지 못한다고 한다. 늘 목이 마르니 도전해야 한다는 내면의 목소리가 끊임없이 들리기 때문이라 말한다.

꿈을 꾸고 살자

뭔가를 꿈꾸는 삶은 아름답다. 나이 든 사람들이 새로운 꿈을 꾸기 위해서는 건강이 기본이다. 그리고 가정에서부터 행복을 소소하게 누릴 수 있는 여건이 되어야 외부에 나가서도 새로운 꿈을 찾을 수 있다. 성서에 "사람은 자기가 상상한 그대로의 인간이 된다."라는 글귀가 있다. 꿈꾸면 엇비슷하게라도 목표점 언저리에 배회할 수 있을 것이다.

물론 꿈은 역시 쉽게 이루어지지 않는다. 현실 속에는 '꿈꾸면 힘들다' '꿈꾸는 대가가 크다'는 불합리함과 좌절감이 가득 차 있다.

그런 사회다. 젊은이들도 취업하기 힘든데, 나이 든 사람들이 재취업을 꿈꾸는 것은 힘겨움을 넘어서 절망적일 수 있다. 그렇다고 해서 꿈의 실현은 고사하더라도 '자유롭게 꿈꿀 수 있는 세상에 대한 꿈'마저 금지하면 사람은 죽는다. 꿈을 꾸되 꿈을 현실화시키는 실천력을 갖추기 위해서라도 늘 노력해야 한다. 은퇴 후 또 다른 분야의 전문가로 살고 싶다면 그 꿈을 위해 이미 열의를 갖고 공부를 하거나 관련 인맥을 쌓는 준비를 했어야 한다.

꾸지 말아야 할 꿈도 있다. 악몽과 백일몽이다. '젊어지는 노인'들이 점점 사회에서 자신의 위치를 찾지 못하면서 가족과 사회에 대한 불만이 터져 강력범죄를 저지르거나 아니면 좌절감에 자살 같은 것을 선택하는 경우가 많아지고 있다. 이것이 악몽이다. 백일몽은 충족하지 못한 욕망이 직간접적으로 충족되는 비현실적인 세계를 생각하거나 상상하는 과정 또는 그러한 꿈을 말한다. 일종의 도피현상으로 심리적으로 우울하고 강박적인 성향을 보이는 노인들이 많이 꾼다. 이런 노인들을 위해 사회적, 제도적 장치를 만들고 보호하여 그들이 못된 꿈으로부터 빠져나올 수 있도록 도와야 한다.

그나마 열정을 자신들의 여생을 위해 쏟으며 '앙코르' 인생을 꿈꾸는 노인들이 많이 늘고 있다는 건 생각만 해도 즐겁다. 예능은 물론 요리, 기술 등 각종 전문 학원 강의실마다 흰머리 희끗한 중년 남성들, 은퇴 창업자를 위한 시니어 창업 강좌 등 다양한 교육 프로그램에 적극적으로 참가하는 요즘의 아버지들, 젊은 시절 자신들이 구가한 영역 위에 거장의 모습으로 컴백하고 있는 멋진 노신사들, 이들에게서 용기와 희망을 얻는 것도 이 때문이다.

'꽃중년'에서 더 나아가 '꽃노년'이 결코 말뿐이 아님을 실감한다. "젊을 땐 불을 보지만 나이 들면서는 그 불길 속에서 빛을 본다." 빅토르 위고의 말이다. 일렁거리는 열정과 뛰어난 추진력도 중요하지만 잘 익은 지혜와 성숙한 판단력 역시 빛나는 것이다. 노년이 주는 자산이다. 나이 듦에 관해 주눅 들거나 위축된 이들에게 해주고 싶은 말이 있다.

미래에 소망을 두면 희망이 보인다

꿈 다음으로 중요한 것은 삶의 가치를 어느 시점에 두고 사느냐이다. 지난 과거에서 오늘을 거쳐 내일로 가는 인생 가운데에서 우리의 생각을 미래에 둘 필요가 있다. 국가에게나 개인에게나 과거의 역사는 물론 중요하다. 그러나 그것은 반면교사로만 삼는 것이 현명하다. 현실에만 너무 집착하면 성장하고 발전하기가 어렵다. 사치하고 낭비하게 되고 무리수를 둘 수 있는 것도 모두 현실에 과도하게 집착하는 데서 나오기 때문이다.

그러나 미래에 소망을 두면 현재의 어려움을 모두 극복할 수 있다. 과거를 바탕으로 하여 매일 거울을 보듯이 오늘을 점검하고 내일의 목표를 시각화해야 꿈을 실현할 수 있다. 미래를 꿈꾸는 사람만이 행복을 구체적으로 디자인할 수 있다.

살면서 우리는 네 가지의 고통을 받으며 살아간다. 일상 업무, 생활고, 질병, 타인의 비난. 이와 같은 고통으로부터 해방되기 위해서는 모든 꿈과 소망을 미래에 두어야 한다. 그렇게 된다면 얼마든지 오늘의 현실을 극복하여 활기찬 삶을 살아갈 수 있다.

삶에 비전을 가져야하는 이유?

뭔가를 꿈꾸는 삶은 아름답지만 나이 든 사람들이 새로운 꿈을 꾸는 것이 쉽지는 않다. 그나마 꿈을 꾸려면 건강해야 한다. 즐겁게 웃으며 살고 유머를 생활화하면 건강은 따라오게 마련이다. 가족과 가정이 화평하고, 행복을 소소하게 누릴 수 있는 여건이 되어야 외부에 나가서도 새 꿈을 찾을 수 있다. 수신제가는 모든 일의 기본이고 필수다. 하지만 꿈은 역시 쉽게 이루어지지 않는다. 젊은 시절 자신들이 구가한 영역 위에 거장의 모습으로 컴백하고 싶다면 조금 더 이른 나이부터 퇴직 이후의 생까지 연결될 이력 관리에 더욱 충실해야 한다.

첫째, 새로운 목표와 비전을 가지고 있는지 점검해야 한다. 일 단위, 주 단위, 월 단위, 년 단위로 자신의 삶을 점검하고 목표를 설정해야 한다.

둘째, 나이가 들어도 당장 내일 뭘 먹고, 뭘 하고, 뭘 입어야 할지 고민하는 것처럼 미래사회의 변화에 대해 관심을 가져야 한다.

셋째, 이제까지 'I' 'YOU'의 삶만을 살았다면 앞으로는 'WE'의 삶을 살아야 한다. 개인보다 집단이 더 똑똑하고, 스마트맙스로 표현될 만큼 서로의 연대를 중시하는 사회가 도래하기 때문이다.

넷째, 새로운 삶이 요구하는 것을 습득해야 한다. 냉혹한 은퇴 이후의 삶에 던져진 이상 이제는 다른 분야를 관찰해야 한다. 특히 다른 분야의 전문가들을 관찰하라. 하지만 영 생뚱맞은 분야가 아니라 자신이 발을 담고 있던 영역과 근접한 학문을 연구하는 것이 가장 시너지 효과가 클 것이다.

다섯째, 정말 내가 잘할 수 있는 것이 무엇인지 끊임없이 묻고 연구해야 한다. 자신이 가장 잘할 수 있는 일을 해야 잘 집중할 수 있다. 하지만 잘하는 것보다 더 중요 한 것은 그 일을 즐기면서 하는 것이다. 그렇다면 자신이 가 장 잘할 수 있는 일을 해야 잘 집중할 수 있을 것이다. 하지만 잘하는 것보다 더 중요한 것은 즐기면서 할 수 있는 일을 찾는 것이다.

옛말에 '평양감사도 제 싫으면 그만이다.'라고 했다. 좋아해야 미칠 수 있다.

누구에게나 일생은 장거리 달리기와 같다. 출발도 잘해야 하고 작전도 좋아야 하며 결승점까지 잘 달려야 한다. 직장도 일생의 한 과정일 뿐이다. 퇴직한 후가 중요하다. 행복은 전 생애를 두루 잘 살아야 한다. 잘 살아야 감동의 눈물을 줄 수 있는 잘 죽음 well dying으로 갈 수 있다. 오늘을 행복하게 살기 위해서는 섬세하게 나 자신을 디자인해야 한다. 하지만 그 디자인이 물질이나 외형적인 것만을 뜻하는 것은 아니다.

누구나 물질적으로 일등이 아니라, 이등이나 삼등 이하의 인생을 살 수도 있다. 하지만 이류나 삼류, 하류의 인생을 살면 안 된다. 아흔아홉 칸 집에 사는 사람보다 초가삼간에 사는 사람의 행복의 질 이 높을 수 있다. 고독하게 홀로 떵떵거리며 사는 것보다 궁핍하더라도 더불어 이웃과 나누며 살줄 아는 마음의 여유가 있는 사람이 더 행복할 수 있다. '감사와 이해, 사랑'이라는 이름을 가진 조각칼로 내 삶을 아름답게 디자인하는 비전과 꿈을 꾸며 살자.

보물찾기

이상헌 회장

Profile

- 주요 수상 경력 : 1995년 서민연합회 봉사대상 수상,
  2011년 제1회 대한민국 기록문화대상, 2012년 2011년을 빛낸 도전한국인 상
  (총 10명, 수상자 - 반기문 UN사무총장, 야구선수 박찬호 등)
- 2012년 대한민국 성공대상, 2012년 대한민국 독서CEO대상
- 성공인의 모임 "기쁨세상" PD (17년 째 운영중), "전국민 책쓰기 운동" 본부장
- 주요 저서 : 〈하루 5분 부자수업〉, 〈하루 5분 인생수업〉, 〈흥하는 말씨 망하는 말투〉,
  〈시집가는 딸에게〉, 〈마지막 하루처럼 사랑하라〉 등 약 170 여권

보물찾기

베스트셀러 작가 **이 상 헌**

    내가 하는 프로그램 중에 '칭찬발견'이 있다. 누구나 장점이 있지만 보물처럼 숨겨져 있어 쉽게 보이지 않는다. 약점이라고 생각되던 것이 발견하는 순간 빛나는 장점으로 변하는 것이다. 이 훈련을 통해 부정적인 사람도 긍정인으로 변하고 자신감이 넘치는 사람으로 만들어진다. 기쁨 세상에서 장점 발견 프로그램을 활용할 때 50세가 넘어 낮에는 일하고 밤에는 학교에 가서 딸과 같은 학생들과 공부하여 학위를 받고 지금은 보석처럼 빛나는 교수가 된 홍소리 씨가 이상헌의 칭찬거리 100개를 찾아냈다.

    01. 창조적이다.
    02. 열정적이다.

03. 지치지 않는 도전정신이 있다.

04. 자신감이 넘친다.

05. 부드러운 카리스마의 소유자다.

06. 누구보다 부지런하다.

07. 배려심이 깊다.

08. 한국이 자랑하는 도전 한국인 10명에 선정되었다.

09. 평생 남을 위해 봉사하였다.

10. 사랑을 베푼다.

11. 말보다는 행동으로 보여준다.

12. 책임감이 강하고 약속은 꼭 지킨다.

13. 지도력이 뛰어나다.

14. 아픈 상처를 어루만지고 감싸준다.

15. 늘 공부하고 끊임없이 깨달음을 찾는다.

16. 부드러운 미소가 빛난다.

17. 삶의 올바른 방향을 제시한다.

18. 최고의 인맥을 자랑한다.

19. 노력을 빼면 시체다.

20. 유머감각이 뛰어나다.

21. 누구 말이건 언제나 경청한다.

22. 시인, 방송작가, 칼럼니스트다.

23. 세계 각국에 팬들이 많다.

24. 많은 사람들의 멘토다.

25. 매일 3시간씩 기도한다.

26. 매일같이 60년간 행복일기를 써 왔다.

27. 인정이 많다.

28. 감사하고 감동하여 기적을 만든다.

29. 좋은 말 좋은 생각의 주인공이다.

30. 의사가 포기한 불치병도 스스로 극복했다.

31. 프로의식이 강하다.

32. 지치지 않는 에너지가 있다.

33. 가정적이다.

34. 날이 갈수록 전성기를 누린다.

35. 언제나 젊게 산다.

36. 하루 3시간 자고 일을 한다.

37. 희망 전도사다.

38. 누구에게나 용기를 준다.

39. 대화하고 나면 마음이 후련해진다.

40. 남을 욕하거나 흉보지 않는다.

41. 마음이 여유롭다.

42. 글을 쓸 때 머리에 저장된 자료를 활용한다.

43. 1년에 500권의 책을 읽고 필요한 곳에 기증한다.

44. 덕담의 달인이다.

45. 35세가 될 때까지 1만 여권의 책을 읽었다.

46. 칭찬과 장점 찾기의 달인이다.

47. <흥하는 말씨 망하는 말투>, <마음이 기쁘면 몸이 춤춘다>
    등 300여권의 명저를 펴냈다.

48. 로또 당첨보다 어렵다는 여러 권의 베스트셀러를 쓴 작가다.

49. 새로운 정보에 빠르다.

50. 겸손의 미덕을 안다.

51. 시간을 아낀다.

52. 시간을 새롭게 창조한다.

53. 세계일보와 대구일보에 매일 칼럼 1000회를 돌파했다.

54. 조상을 극진히 위한다.

55. 어려운 사람들을 돕는다.

56. 누구를 만나도 그를 기쁘게 한다.

57. 부정적인 뉴스는 보거나 읽지 않는다.

58. 남녀노소 누구와도 친구가 된다.

59. 솔선수범한다.

60. 화합을 이끄는 주인공이다.

61. 희생정신이 강하다.

62. 어떤 일에도 최선을 다한다.

63. 그의 저서는 해외서도 출간되었다.

64. 마음이 넉넉하다.

65. 불필요한 말은 하지 않는다.

66. 늘 준비된 자세로 살아간다.

67. 중학교 때 6·25동란이 일어났는데 이때부터 날마다 애국가를 부른다.

68. 핸드폰 컬러링도 애국가로 많은 사람과 애국가의 기운을 공유한다.

69. 메모의 달인이다.

70. 인내심이 강하다.

71. 목표가 있으면 이룰 때까지 달려간다.

72. 성취한 후에는 더 큰 목표를 바라본다.

73. 행복한 사람이다.

74. 위대한 사람이다.

75. 부모님의 은혜에 감사한다.

76. 행운을 빌어준다.

77. 통통 튀는 아이디어맨이다.

78. 자신의 이익보다 남을 더 잘되게 해주려고 고민한다.

79. 남의 성공을 위해 뛰다보니 누구보다 먼저 자신이 성공하게 되었다.

80. 쉽게 재미있게 글쓰는 작가로는 대한민국의 1인자다.

81. 늘 자신을 돌아보고 반성한다.

82. 날카로운 통찰력이 빛난다.

83. 자기 계발의 모범이다.

84. 정직하다.

85. 불평은 절대로 하지 않는다.

86. 일이 곧 놀이라서 일을 즐긴다.

87. 신뢰할 수 있는 사람이다.

88. 삶의 모범이 된다.

89. 기쁨세상을 생명처럼 사랑한다.

90. 기쁨세상을 생명처럼 여긴다.

91. 빠른 속도의 타자실력을 자랑한다.

92. 매주 희망메시지를 보내준다.

93. 모든 종교에 해박한 지식이 있다.

94. 경조사에 앞장선다.

95. 감정을 잘 다스린다.

96. 새로운 아이디어가 무궁무진하다.

97. 방송집필과 출연을 동시에 한다.

98. 누구에게나 어려운 문제를 자문해준다.

99. 한 번에 7가지 이상의 일을 동시에 하는 기술이 있다.

100. 세계일보와 대구일보에 날마다 긍정칼럼 1000회를 연재하고 등장인물 1000명을 모아 기쁨세상을 만들어 매달 모여 자기 계발과 자기 발견을 하는데 자기 칭찬 타인칭찬도 우리 프로그램 중에 하나다. 훈련이 되면 누구나 칭찬 100가지는 순식간에 찾아내고 부정적인 사람이 마술처럼 긍정으로 변하여 아름답고 자신감 넘치는 세상을 살아가게 된다.

이 세상에서 가장 강력한 힘은 칭찬이다. 나는 평생 의사들이 포기한 35여 가지 병과 함께 살면서도 칭찬 에너지로 인생 역전을 만들고 350여권의 저서를 탄생시켰다. 내가 쓴 칼럼 중에 <도둑에게 배우는 50가지 성공법>이나 <군대에서 배우는 50가지 성공법>은 많은 사람들이 극찬한 프로그램이다. 약점은 약점 찾기에 열중할 때 생겨난다. 시각을 바꾸고 생각을 바꾸면 우리나라 좋은 나라는 식은 죽 먹기다.

올바른 인성을 갖춘
능력 있는 인재를 양성하려면...

이영대 대표

Profile

- 진로교육전문가이며 전문강사 이영대입니다. 한국직업능력개발원에서
  1997~2010년까지 진로교육, 진로정보, 진로상담을 연구하였습니다.
- 강의분야 : ① 청소년의 꿈가꾸기 ② 청소년 꿈,진로 계획과 목표
          ③ 대학진학지도/대학생취업 SNS를 통한 취업/진학/진로지도
- 특히 최근 주요 관심이 되고있는 자유학기제와 진로상담에 관하여 전문적인
  교육을 제공할수 있습니다.
- 아울러 최근 이슈가 되고 있는 청소년들의 인성교육도 지도하고 있습니다.

올바른 인성을 갖춘
능력 있는 인재를 양성하려면...

진로진학상담 대표 **이 영 대**

진로교육전문가이며, 올바른 인성교육을 지도하는 전문강사 이영대입니다. 한국직업능력개발원에서 1997-2010년까지 진로교육, 진로정보, 진로상담을 연구하였습니다. 강의분야 : ①인간의 꿈가꾸기 ②인간 꿈,진로 계획과 목표 ③진로와 취업의 기초로서 인성지도방법입니다. 2010년 이후에는 한국인성문화원에서 인성교육지도방법을 연구하여 왔습니다. 특히 최근 진로교육법과 인성교육법 통과 이후 진로교육과 이의 기초로서 인성교육에 관하여 정통의 교육훈련과 상담을 제공할 수 있습니다.

청소년을 포함한 평생경력개발시대의 개인의 미래설계를 지원하는 것이 이영대박사의 비전입니다. 평생직업경력개발시대의 국민의 미래설계를 다음과 같이 지도합니다.

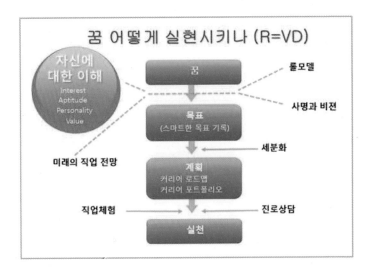

사람들만의 목표와 설계도를 갖도록 지도합니다. 멋진 건물을 지으려면 가장 먼저 필요한 것은 설계도이다. 인간은 항상 자신의 인생목표를 달성하기 위한 인생 설계도(career portfolio)를 만들어야 하며 이를 지도할 수 있다.

인간의 인생은 매우 소중한 것이다. 이렇게 소중한 존재이기에 어떤 방향이나 계획이 없이 이것 조금 저것 조금하면서 우왕좌왕 닥치는 대로 살아선 안 된다. 인간들이 인생의 계획을 만들어도 중간에 상황이 달라져 꼭 계획대로 되지 않을 수도 있을 것이다.

하지만 방향을 잡고 열심히 노력하다 보면 반드시 무엇이든 이루어진다. 인간은 자신의 진로를 선택하는 순간부터 직업을 갖고 퇴직 후 노후까지 전 생애를 고려하여. 자신의 인생설계에 비추어 자신의 진로를 무엇으로 할 것인지 결정해야 한다. 자신이 생각하는 인생목표에 걸맞은 직업인이 되면 직업에 성과도 높을 뿐더러 행복하여 진다.

첫째, 자신에 대한 분석과 미래사회를 전망하면서 자신의 소명을 찾아보게 한다.

세계 70억 명의 인구 가운데서 인간은 무엇을 하고 싶고 나중에 무엇으로 기억되고 싶은가?를 생각하여 보자. 평생 동안 인간들이 가지는 직업이 단순히 생계를 유지하기 위함만은 아닐 것이다. 직업 활동을 통해 이 세상에서 자신이 무엇을 남기고 싶은가를 생각하라는 것이다. 이것을 자신이 이 세상에서 살아가는 미션(mission)이라고 한다.

지구가 자전을 하는 기준점은 북극성이다. 이 북극성을 중심으로 지구가 자전을 하듯이 인간 들은 자신의 인생에서 중심점은 무엇인가? 이것을 먼저 생각하라는 것이다. 빌게이츠의 사명은 '모든 사람의 책상위에 컴퓨터를 두는 것'이라고 하였으며,

헨리 포드는 값싼 가격에 많은 사람에게 자동차를 이용하겠다는 것을 자신의 사명(mission)으로 설정하여 이를 실천하였다.

둘째, 이런 미션이 정하여지면 이를 구체적으로 인생목표를 삽고 글로 써 보는 것이 필요하다.

미국의 예일대학교에서는 졸업생을 대상으로 다음과 같은 질문을 했다. "지금 현재 당신은 구체적인 목표를 글로 써서 소지하고 있습니까?"

이 질문에 졸업생 중 단지 3%만이 글로 자신의 목표를 써서 갖고 있노라고 대답했다. 나머지 97%의 졸업생은 그저 인생의 목표를 생각만 하거나 아니면 장래에 무엇이 되겠다는 등 구체적인 목표를 갖고 있지 않다고 답했다. 그 뒤로 20년이 지난 후 예일대학교는 졸업생 중 생존자를 대상으로 이들의 성공 여부(경제적인 부유 정도)를 조사했다.

그런데 충격적인 사실이 밝혀졌다. 3%로 해당하는 즉 졸업 당시 인생의 목표를 글로 써서 가지고 있었던 집단의 재산이 나머지 97% 즉, 졸업 당시 목표를 글로 써서 가지고 있지 않았던 졸업생의 재산보다 많은 것으로 조사됐다.

넷째, 만약 자신이 어떤 인생목표를 가져야 할지 확신이 서지 않으면 스스로 본받고 싶은 '역할 모델(Role Model)'를 찾아볼 것을 지도한다.

앞으로 15년 뒤에 '저 사람'처럼 되고 싶다는 사람을 찾아보는 것이다. 자기 나름대로 본받고 싶은 사람을 만드는 것을 역할모델이다. 자신만의 시각을 갖고 자신이 추구하는 목표를 정하거나 내가 본받고 싶은 역할 모델을 찾게 하자. 자기가 본받고 싶은 사람을 만들라는 거죠. 그것을 우리가 역할 모델이라고 해요. 역할 모델. 나의 독수리를 찾자. 나의 독수리 내가 되고 싶은 사람 자 이런 것을 우리가 찾는 것이 필요하다.

넷째, 멘토를 찾는 것도 한 방법이다.

내가 어떤 사람이 되고 싶다. 내가 우리 학교에 선생님 같은 사람이 되고 싶다. 그러면 우리 선생님이 멘토가 되고 인간이 멘티가 돼 가지고 한수 베우는 멘토멘티의 관계 설정을 하게 지도하는 것입니다.

다섯째, 무엇보다 중요한 것은 비전을 갖는 것이다.

세계적인 베스트셀러 작가 켄 블랜차드. 그는 《비전으로 가슴을 뛰게 하라》에서 '비전은 자신이 누구이고, 어디로 가고 있으며, 무엇이 그 여정을 인도할지 아는 것이다'라고 말한다. 블랜차드는 비전은 목적을 달성해가는 과정에서 끊임없이 지침을 제공하는 영속적인 것이다. 목표는 달성하고 나면 끝난다.

그러나, 비전은 미래의 행동을 위한 뚜렷한 방향을 제시하고 새로운 목표를 설정하도록 도와준다. 많은 사람들이 목표만 있고 비전이 없는 경우가 많다. 그렇게 되면 목표만 달성되고 나면 모든 게 끝나버리고 만다.

만일 당신이 '아름다운 몸매를 가지고 싶다, 넓고 큰 주택을 구입하고 싶다, 아름다운 별장을 가지고 싶다, 고급 승용차를 구입하겠다, 많은 돈을 모으고 싶다, 경영자가 되고 싶다'라고 생각한다면 그것은 비전이 아니라 목표를 말하는 것이다.

인생에 있어 '목표가 있느냐, 없느냐' 하는 사소한 차이가 결국에는 삶의 큰 차이를 만든다는 점을 잘 보여주고 있다. 다시 말해 인생에서 간절히 바라는 목표를 하나의 글 만드는 사소한 작업이 인생의 성공 여부를 가르는 중요한 계기가 된다고 볼 수 있다.

한국청소년상담원이 펴낸 보고서에서 각 분야에서 뛰어난 능력을 발휘하고 있는 예술 과학 교육 등의 분야에서 창의적 성취를 이룬 30세 이상의 인물 30명의 성장과정을 조사한 결과 이들은 어렸을 때부터 목표를 향한 도전의식을 가졌다.

즉 조사대상 30명 중 25명이 어려서부터 목표를 세워 열심히 노력 했다고 했으며 29명이 어려움이 생기면 극복해내는 즐거움을 느꼈다고 답했다.

일반적으로 성공한 사람들의 특징은 다음과 같다.

첫째, 성공한 사람들은 자기가 하는 일을 기쁨과 열정으로 하고 하는 일 그 자체를 좋아하고 보람과 긍지를 느끼고 있다는 점이다.

일이 곧 자기 자신의 한 부분이라고 할 수 있다. 억지로 하거나 싫은 것을 책임감 때문에 하는 사람이 성공을 거둔 경우는 찾아볼 수 없었다. 사랑, 헌신, 열정으로 하고 있다.

둘째, 성공한 사람들은 힘과 용기를 북돋아 주는 사람이 주변에 있다.

가족, 친척, 학교, 이웃 등 어느 곳에서든 좌절하고 실패할 때

꿈과 용기를 계속 가질 수 있게 격려하고 힘을 북돋아 주는 사람이 있다. 대체로, 부모, 교사, 코치, 지도자 등의 사람이 이른바 멘토링을 하는 경우가 대부분이라고 한다. 좋은 부모나 좋은 지도자를 만나지 않고 성공을 한 사람은 찾아보기 어려웠다. 이웃, 교회, 학교 등 어느 곳에선가 끝없이 새 힘을 불어넣어 주는 사람이 있다.

꿈이 있는자는 희망이 있다.

희망이 있는자는 목표가 있다.
목표가 있는자는 계획이 있고,
계획이 있는자는 행동이 있고,
행동이 있는자는 실적이 있고,
실적이 있는자는 반성이 있다.
반성이 있는자는 진보가 있다.

셋째, 성공한 사람은 옛것을 그대로 배우는 것을 넘어서 아무도 하지 않는 새 것을 새롭게 자기 나름대로 창출해 내는 사람들이다.

옛것을 모방하기만 하는 사람은 결코 정상에 설 수가 없고 자기 나름으로 완벽하게 소화해 낸 새로운 것이 있을 때 예술에서도 성공을 거둘 수가 있다. 그러한 것은 국악같이 옛것을 그대로 하는 경우도 마찬가지이다.

추임새로 춤추게 하라!

임용택 원장

Profile

- 한국추임새문화원 원장
- 대한민국명강사 제121호(공무원명강사 제1호), 사)한국강사협회
- 대한민국 대표강사 33인 선정(2013~2014), 대표강사 22인 선정(2015~2016)
- 인생나눔멘토(국립중앙도서관), 은퇴연금협회 자문위원, 라이프컨설턴트
- 한국벤처농업대학, 한국농촌관광대학 교수
- 국회나눔CEO과정 대표강사 / (전)공무원 봉직 37년
- 수상:녹조근정훈장, 모범공무원 표창, 대한민국 농촌지도대상, 우수혁신가상 등 50여 회

추임새로 춤추게 하라!

한국추임새문화원 원장 **임 용 택**

가슴을 뛰게 하는 나의 꿈, 나의 비젼!

질풍노도와 같은 젊은 시절을 보내고 2014년 37년의 공직생활을 마감하면서 설정한 **나의 꿈**은 나만의 색깔 있는 소리를 하는 대한민국 판소리 명창이었다.

가슴을 뛰게 하는 나의 **정성적 비젼**은 추임새로 춤추게 하라! 이고 **정량적** 비젼은 2017년 판소리 일반부 명창대회 대상과 2020년에는 전국 판소리 명창부 경연대회에서 대상을 수상하여 판소리 명창에 등극하는 것이다.

판소리와의 인연

학창시절 어느 여름날, 병석에 누워계시던 선친께서 라디오에서 흘러나오는 시조를 듣고 계시다가 "문화 예술적 취미생활 한 가지는 가지되 어느 분야가 되었건 아마추어 이지만 프로를 능가 할 정도의 실력을 배양하면 인생이 풍요로워 질 것이다." 라는 말씀을 해 주셨다.

바둑과 풍류를 즐기셨던 선친의 권유로 첫 번째로 배우게 된 것이 서예였다. 6개월 동안 붓글씨를 써 본 결과 노력도 부족하였지만 서예에는 나의 재주가 미치지 못함을 알고 다른 취미를 찾던 중 전축에서 흘러나오는 임방울 명창의 '쑥대머리'를 듣고 따라 부르다가 흥미를 느껴 다시 선택한 취미가 판소리이다.

상운서도원 원장님께 서예는 소질이 없는 것 같아 서예학습을 그만두고 소질이 있는 판소리를 배우고 싶다는 말씀을 드렸더니 선생님이 생각해도 서예보다는 판소리에 더 소질이 있는 것 같으니 판소리는 절대로 중간에 포기하지 말고 명창이 될 때까지 도전을 해보라고 추임새를 해주시면서 그 자리에서 '百折不屈(백절불굴)'이라는 글을 써 주셨다.

百折不屈(백절불굴)이라는 선생님의 글은 40여 년이 지난 지금도 나의 집 거실에 걸려있으며 의지가 약해질 때 마다 내 삶의 지표가 되고 있다.

추임새에 대하여

이렇게 해서 시작한 판소리가 어언 40년의 세월이 흘렀고, 판소리를 하다 보니 추임새의 매력에 빠져들게 되었다. 추임새는 판소리를 부를 때 고수나 관객이 소리꾼의 소리에 대하여 얼씨구! 좋다! 잘 헌다! 그렇지! 등으로 소리꾼을 잘한다고 추켜세우고 공감하는 것을 말한다.

잘 하는 것을 잘 한다고 하는 것은 칭찬이다. 추임새는 잘 하는 것은 물론이고 잘 하지 못하는 것에도 힘을 더해 주는 것이 추임새이다. 칭찬보다 훨씬 상위의 개념이다.

예를 들자면 판소리를 부를 때 잘할 때에는 당연히 좋다! 잘 헌다! 등으로 추임새를 하지만, 목소리가 높이 올라가야 하는데 올라가지 못할 때 얼씨구! 라고 추임새를 하면 올라갔다 치고 힘을 내어 더욱 분발하라는 의미가 된다.

추임새도 할 때가 있고 강약이 있으며 분위기에 맞는 추임새를 해야 한다. 추임새를 처음부터 잘 할 수는 없고 열심히 하다보면 격에 맞는 추임새를 할 수 있게 된다. "추임새로 춤추게 하라."라는 나의 비전을 달성하기 위한 수단의 하나가 추임새 문화운동이다.

추임새는 아름다운 우리의 전통 문화다. 영어나 일어 등 외국어의 어떠한 표현으로도 한 단어로 함축하여 추임새를 표현하기란 어렵다. 상을 주는 것도 추임새이고, SNS상에서 긍정적 댓글을 다는 것도 추임새다. 힘들고 어려운 사람의 말에 귀 기울이며 고개만 끄덕여 주는 것도 추임새이며 이는 힘과 용기를 줄 수 있다. 심지어 자신에게도 추임새를 할 수 있다.

이렇게 좋은 우리의 추임새 문화를 국민운동으로 펼치기 위하여 한국추임새문화원을 만들어 세상을 아름답게 변화시키는 노력을 하고 있고, 개인의 성취 보다는 나의 조그마한 노력으로 세상을 아름답게 변화 시키는 것이 나의 삭은 소망이다.

판소리는 소통의 소리이다.

판소리는 추임새를 통해서 사람들과 소통하는 소통의 소리다.

최근의 사회 현상 중에서 크게 문제가 되는 것이 소통의 부재이며, 이 시대의 대표적인 화두는 소통이다. 가족 간, 사제 간, 상하 간, 동료 간, 지역 간, 계층 간, 종교 간, 정당 간, 세대 간 등 다양한 분야에서 갈등과 반목의 시대에 살고 있다. 판소리가 소통의 소리인 것 같이 서로 추임새를 하면서 세상이 아름답 게 소통이 되었으면 하는 바람이다.

판소리의 3요소는 창과 아니리, 발림이다. 하나를 더한다면 당연히 추임새가 될 것이다. 소리판은 명창의 소리와 고수의 북 반주, 고수와 관객의 추임새 등 삼위일체로 이루어진다. 어느 것 하나 중요하지 않는 것이 없지만, 그 중에서도 소리판을 잘 이끌어 가게 하는 윤활유 역할을 하는 추임새가 없다면 창자와 관객이 소 통이 되지 않는 삭막한 소리판이 될 것이다.

소리판에서 귀명창의 역할을 빼 놓을 수 없다. 귀명창은 소리에 대한 정확한 이해와 지식을 바탕으로 소리를 제대로 감상할 줄 아 는 사람을 말하며 "귀명창이 소리꾼을 낳는다."라는 말이 있을 만 큼 중요한 존재이다.

득음(得音)이 소리꾼의 몫이라면 지음(知音)은 귀명창의 몫 이다. 귀명창의 조건 중에서 빼놓을 수 없는 것이 추임새이며,

추임새는 소리꾼에게 활력을 불어 넣어주고 더 좋은 소리를 내게 하는 촉매제가 되어주며 상호간의 소통의 표시이자 에너지의 교환이다. 상대를 존중하고 이야기에 귀 기울이며 때맞추어 추임새를 넣는 귀명창과 같이 우리 모두가 추임새 꾼이 되어 추임새로 소통하고, 리더십을 발휘하며, 동기부여가 되고, 조직이 활성화 되어 아름다운 세상이 되었으면 좋겠다.

나를 춤추게 한 한마디 추임새!

한국벤처농업대학을 다닐 때 대학을 설립하신 민승규 박사님께서 '농업인도 스타 농업인이 필요하지만 공무원도 다른 공무원들의 귀감이 되는 스타 공무원이 필요하다. 바로 당신이 스타 공무원으로 될 수 있는 사람이다.'라는 한마디의 추임새가 나의 열정을 춤추게 하였다.

과학은 기술의 발전 자체보다도 경쟁력이 과학 기술의 발전을

견인했듯이 사람은 인정받고자 하는 욕구로 일을 한다. 나에게 던진 한마디의 추임새가 나의 심장을 뛰게 하였고 공무원으로서 헌신적이고 열정적으로 일을 할 수 있게 용기를 북돋아 주었다.

추임새 한마디에 자극을 받아 열심히 근무한 공로를 인정받아 정부로부터 녹조근정훈장, 모범공무원 표장, 대한민국 농촌지도대상, 지도공무원 블로그 경진대회 대상 등을 수상하였고 우수혁신 가상 등 크고 작은 많은 상을 받았으며 봉사하는 마음으로 공직생활을 마감하였다. 멘토의 추임새 한마디가 나를 성장 발전시키고 인생을 신나게 춤

추게 했던 것처럼, 나의 말, 나의 행동이 주위 사람들의 영혼을 춤추게 하고 아름다운 세상으로 변화되는데 기여할 수 있는 추임새 멘토가 될 것을 다짐해 본다.

비전의 완성으로 가치 있는 인생

공직생활 37년 동안 국민들의 세금으로 주어지는 봉급을 통해 가정경제를 꾸려왔었고 퇴직 이후에도 연금으로 살아 갈 수 있으니, 감사하는 마음으로 나머지의 인생은 국민을 위해 봉사하는 것이 도리라고 생각한다.

내가 내 인생의 주인이 되어 그동안의 삶을 통해 얻은 경험과 지식, 지혜를 나누고, 비전을 달성하기 위해 일상생활에서의 추임새와 "추임새로 춤추게 하라."라는 주제의 강의를 통해 개인과 조직이 성장하는 모습을 보며 행복을 느끼고, 삶의 의미와 가치를 느끼면서 자아실현의 기쁨을 맛보는 삶을 살아가기 위해 대한민국 판소리 명창이 되어 추임새로 춤추게 하는 비전을 완성해 나가고자 한다. 나 자신은 물론 여러분의 인생과 가정, 조직과 대한민국 발전을 위해 힘차게 추임새 한다.

얼씨구!

나라 살리는 개헌의 목표와 비전
- 촛불 민심을 개헌의 횃불로! -

장원석 상임대표

Profile

- 헌법개정 국민주권회의 간사, 운영위원
- 단국대 공공인재대학 명예교수
- (전)대통령직속 농어촌특위 위원장 (부총리대우 장관급)
- (전)농업기술실용화재단(공공기관) CEO 이사장
- (전)대통령 정책기획위원, 국무총리 정책평가위원
- (전)기획재정부 FTA국내대책위 위원(13개부처 장관과 공동)
- (전)한나라당 국민공천배심원단(전략공천) 위원장

나라 살리는 개헌의 목표와 비전
- 촛불 민심을 개헌의 횃불로! -

(사)국민성공시대 상임대표 **장 원 석**

1960년 4.19혁명, 1987년 6월 항쟁에 이어, 2016년엔 수십 만 명에서 230만 명까지의 대규모 촛불 시위가 광화문을 비롯하여 전국에서 일어났다. 그 결과 박근혜 대통령에 대한 탄핵 결정이 국회에서 이루어졌고, 헌법 재판소의 결정을 기다리고 있다.

성난 민심은 탄핵에 머무르지 않고 하야 선언과 구속을 요구하고 있다. 대통령에 대한 지지도가 3%까지 떨어졌고, 국정을 농단한 최순실에 대한 분노가 식을 줄 모르기 때문이다.

성난 민심, 어떻게 극복할까?

정치권의 동향도 요상하기 이를 데 없다. 여권은 친박, 비박으로 갈리어, 내시형, 호위무사형 인물들이 판을 치는가 하면, 야권은 이 때다 하고 선동과 영합하기에 바쁘다.

국민의 눈에 "진실한 사람"은 "참으로 나쁜 사람"이 되고, 거짓말, 오리발, 모르쇠들로 이루어진 정치꾼(politician)들이 균형을 잡고 미래 비전을 제시하고자 하는 정치인(statesman)을 제압하고 매도하는 일이 비일비재하다.

한편, 어린 학생들로부터 노장청년에 이르기까지 거의 모든 국민은 최순실 현상으로 심리적 혼란과 소용돌이 속에서 밤잠을 설치고 있다. 이러한 비상한 현상에 대하여 어떻게 하면 수렴 극복하고 승화 시킬 수 있을까.

하야와 탄핵 요구의 핵심은 대통령 임기를 단축시키는 데 있다. 이에 대한 대응 작용과 반작용은 안개 속처럼 전망이 불투명하다. 그리고 더욱 중요한 것은 하야와 탄핵이 실현되기만 하면, 우리나라 정치가 바로 잡히고, 경제가 살아나며, 사회갈등과 황폐해진 문화가 치유될 수 있느냐이다.

대통령 임기 4~5년차, 레임덕과 부패 스캔들 반복

'87년 이후, 지난 30년 동안 왜! 임기 말 4~5년 차에 어김없이 레임덕과 부패 스캔들이 일어나는 것일까? 정치권은 왜! 선거만 끝나면 승자에 대해 승복하는 일 없이, 여야는 죽기 아니면 살기 식으로 물고 뜯는 동물국회가 되는 것일까?

어느 정치학자의 분류에 의하면, 유럽은 정치선진국, 미국과 일본은 정치중진국, 우리나라는 후진국 중의 후진국이라고 한다.

사실상 우리나라의 4류 정치는 기업을 쥐고 짜고, 힘 있는 기업은 정경유착으로 이익을 챙겨 왔다. 문제는 그 피해가 고스란히 국민에게 돌아간다는 데 있다.

'국민성공시대', '국민행복시대'를 역대 정부가 부르짖었지만, 구조적으로 잘못된 법제도와 상당수의 부도덕한 정치권력 경제권력 검찰권력 기득권의 횡포와 이에 대한 저항 때문에, 행복지수는 매년 낮아지고 OECD국가 중 하위 그룹을 다투게 되었다.

국민이 성공하는 시대가 아니라 3포시대, 5포시대, N포시대라는 말이 난무한다. 연애 포기, 결혼 포기, 자녀 포기, 내집갖기 포기 등이 이 나라의 내일을 짊어질 젊은 세대의 슬픈 단상이다. 세계에서 자살율 1위, 노인 자살율 1위... 이 무슨 변고 중에 변고일까?

제왕적 대통령제, 승자독식 구조를 청산해야

이상의 여러 가지 문제에 대한 해결방안의 일단을 법제면에서 모색해 보면, 다음과 같다.

첫째, 고통을 나누면 반감되고, 기쁨을 나누면 배가 되듯이, 권력도 나누어야 공생, 상생, 공진(共進)의 토대가 된다.

경제발전 초기의 산업화시대엔 중앙집권적 개발독재가 가장 효율적이고 적실성이 있었지만(우리나라의 경우, '60년대 박정희시대), 민주화의 단계를 넘어 3차산업혁명과 4차산업혁명이 진행되고, 직업의 종류가 3만개 이상이 되어 있는 현실에서, 이제는 "절대 권력은 절대 부패를 낳는다."는 영국 액튼 경의 말이 현실화되었다. 또한 절대 권력을 휘두르면, 몇년 못가서 저항에 부딪쳐 권력을 남용한 만큼 응징을 받는 것을 역사에서 너무나 많이 보아 왔다.

따라서, 절대 권력이 아닌 분권의 시대, 통치가 아닌 협치(協治, governance)의 시대, 일당 독식이 아닌 다당 연정에 의한 합의제 민주주의, 즉 독일식 내각제 아니면 오스트리아식 분권형 대통령제 내용을 헌법에 명문화해야 한다. 그리고 대통령부터 국회의원 및 말단 행정 조직에 이르기까지

권력의 횡포가 자리 잡을 수 없도록 하위법인 관련 법률과 시스템을 철저히 구현해야 한다.

분권과 협치의 분권형 대통령제가 바람직

혹자는 미국식 대통령제가 우리나라의 대통령제와 유사하지 않느냐고 하지만, 미국은 의회 중심과 자치 분권이 철저한 연방제이며, 3권 분립이 철저한 나라이다.

우리처럼 3권 분립이 안된 절대권력의 "제왕적 대통령제"를 실시하는 나라는 민주공화국 중에서는 그 유례가 거의 없다.

내각제 내지 분권형 대통령제를 실시해야 하는 또 하나의 이유는 "승자독식" 구조를 해소하기 위해서이다.

예를 들어 37%의 지지를 얻어 당선된 대통령이나, 30% 내지 40%를 얻은 제1당이 국가 권력을 독식하는 구조이다. 60% 내지 70%의 지지를 얻은 야당과 국민의 뜻은 아예 무시되는 구조이다. 1등만 성공하고 2등부터는 실패와 좌절의 세월을 보내야 한다.

소수가 아닌 다수 국민의 뜻을 반영하기 위한 것이 곧 연정과 협치의 제도화이다.

예를 들어, 독일과 오스트리아는 2차 대전 이후 70여 년 동안 40여년 이상을 보수와 진보의 연정과 협치로 갈등을 최소화 하고, 정치는 권력투쟁이 아니라 국민을 위한 정책과 가치 경쟁의 장으로 자리 매김하였다.

우리나라처럼 별 볼일 없는 또는 땅투기, 집투기, 위장전입, 부정부패 전력의 인물들이 지연 학연 혈연을 찾아, 줄 한번 잘 서거나, 우연히 만나 수첩에 이름 한번 올린 덕분에 장관 총리가 되는 일은 있을 수 없다. 그러니까 정치인은 우리처럼 혐오의 대상이 아니라 존경 내지 존중 받는 지도자다.

국민의 뜻을 반영, 연정과 협치의 제도화

독일의 메르켈 총리는 14명의 장관 중 6명이 자기 소속당 출신이고, 8명을 야당 출신으로 내각을 구성하여, 과반수 국민의 뜻을 반영하고 있다.

UN사무총장 출신의 오스트리아 대통령도 내각 구성을 합리적으로 하고 권력을 총리와 나누어 갖는 분권형 대통령제 덕분에 국민의 지지도가 높을 수밖에 없게 되어 있다.

물론, 법과 제도가 모든 것을 해결해 주지는 못한다. 그러기에 국민 한 사람 한 사람이 주권자로서의 의식과 실천이 수반되어야 한다.

둘째, 헌법과 법률에 대한 국민의 발의와 국민 투표제 도입으로 직접 민주주의를 확대해야 한다. 아울러 정치 카르텔의 저항을 극복하고, 검찰 개혁, 재벌 개혁 등을 위한 국민적 입법이 가능토록 해야 한다.

직접 민주주의 확대, 기본권 신장

셋째, 성(性) 평등, 어린이와 청소년, 노인, 장애인 등의 권리보호, 생명권, 정보권 등을 신설하여 기본권을 신장해야 한다.

넷째, 돈 선거가 판치고 4년 내내 조직 관리에 신경 쓰느라 국정과 입법에 집중할 수 없는 국회의원 선거법을 개혁해야 한다. 선진국들이 시행하고 있는 지역구 감축과 비례대표 확대, 투표와 의석의 비례성을 제고해야 한다.

다섯째, 보충성의 원칙 명문화, 자치권과 자치입법권 및 지방재정권 등을 강화하여 지방분권 자치제도를 선진화해야 한다.

요컨대, 선량한 사람도 정치권에 들어가면 이상해지는 현상, 유능한 사람도 정치권에 들어가면 수상해지는 현상은 개인의 품성 (品性)과 인성(人性)에도 기인하지만, 근본적인 원인은 구조와 환경, 법과 제도가 이들로 하여금 권력의 유혹에 물들게 하고, 적응하지 않으면 살아남지 못하게 하는 측면이 있다.

"인간은 환경(Umwelt)의 지배를 받는다." ―막스 베버―

안전은 사랑입니다

정상근 소장

Profile

- 현)정HR교육연구소 소장 / 현)대한민국 명강사27호
- 현)사단법인 국민성공시대 안전문화홍보대사
- 현)사단법인 한국강사협회 상임이사 조직운영위원장
- 현)한국멘토교육협회 천사멘토추진위원장 / 현)사단법인 대한산업안전협회 자문교수
- 현)중소기업인력개발원 전문교수 / 현)한국능률협회 전문위원
- 대한민국대표강사 33인 선정-(사)국민성공시대 (2010~2016년 7년연속)
- 삼성, LG그룹, 현대중공업, 포스코 외 590여 기업 4800여 회 출강

안전은 사랑입니다

정(情)이 넘치는 바른(正)사회 만들기
정HR교육연구소 소장 정 상 근

안전이 중요 하다는 것은 우리 국민 모두 모르는 사람은 없을 것이다. 그런데도 이러한 대형사고는 왜 계속 발생하는 것일까? 누구의 잘못인가? 아님 어쩔 수 없는 것일까? 우리는 이러한 문제를 스스로 자문해 볼 필요가 있다. 우리나라 사람들은 사고가 나면 안전 불감증으로 인한 인재라는 표현을 많이 쓴다. 또한 외국은 사고에 대한 대처가 잘 되는데 우리나라는 잘 안된다고들 한다. 그러면 안전과 관련하여 정책이나 제도만 잘 갖추어져 있다고 대형 사고를 예방할 수 있을까? 물론 중요하겠지만 더 중요한 무언가가 빠져있다.

아직도 우리나라 국민들은 안전을 다른 사람이 해주기를 바라고 있는지도 모른다. '누군가 볼 때만 지키지는 않는지?', '하라고 해서 형식적으로 하는 것은 아닌지?' 나 스스로 안전을 얼마나 실천하고 있는가를 스스로 반성해 보아야 한다. 지구상의 모든 생물들은 환경에 적응하려는 본성을 갖고 있다. 하지만 적응을 하지 못하는 생물은 결국 자연 도태되어 사라지고, 환경의 변화에 맞추어 진화한 생물만이 살아남게 된다. 쥐라기 시대의 공룡이 먹이사슬이 없어짐에 따라, 멸종한 것이 그 대표적인 사례다. 이 자연의 원리는 산업 현장에도 적용된다. 기업환경도 문명의 발달 속도와 비례하여 큰 폭으로 변화하고 있다.

특히 미래의 기업환경은 지금보다 더 **빠른** 속도로 변화될 것으로 예상되고 있다. 과거 30여 년 전의 우량기업 중 남아 있는 기업이 별로 없다는 것이 그 증거다. 심지어 10여 년 전의 기업도 도태된 곳이 허다하다. 왜 일까? 앞서 언급했듯 변화의 속도에 따라가지 못 했거나, 따라잡지 못했기 때문이다. 이제 기업의 미래는 단기간으로 한정되어 버렸다. 이 문제는 비단 국내에 국한된 것이 아니다. 따라서 지금 각 기업들은 'Global'을 외치며 살아남기 위한 경쟁력을 갖추고 있다. 변화의 대열에는 정부도 서 있다. 최근 정부는 변화의 수준을 넘은 혁신(革新)이라는 거국적인 대안을 만들었으며, 청와대를 비롯하여 국회에서도 '혁신위'를 가동하고 있다. 뿐만 아니다. 전국적으로 각 지역마다 혁신도시를 지정하고 있다. 실로 나라 전체가 혁신으로 물결치고 있다고 해도 과언이 아닐 듯싶다.

　　그렇다면 우리의 안전 혁신은 어느 수준에 이르고 있을까? 변화의 시기를 놓치게 되면 혁신이라는 큰 발걸음이 필요하게 되는데, 우리나라의 경우 초고속 성장 즉 생산이라는 목적만 쫓다 보니, 안전이라는 항목은 혁신은커녕 변화의 수준도 겨우 따라만 가고 있는 형국이다. '사고로부터 안전을 배우고 맞추어 나간다.'라는 수준이 적합한 표현일지 모르겠다. 바꾸어 표현한다면 사고를 담보로 하더라도, 생산을 해야만 된다는 논리가 성립되게 되면, 변화로 통하지 않는 <가죽 革>이라는 채찍의 대가를 지불해야 하는 상황을 맞을 수 있다는 것이다.

　　초고속 열차를 등장시키면 안전도 동일한 수준에 맞추어야 하고, 지게차가 지게에서 변화되었다면 안전도 지게에서 머물러선 안 된다. 더불어 안전관리 항목은 누구나 할 수 있는 일반적인 것이 아니라는 것부터 알아야 한다. 안전공학은 근로자의 목숨을 지키고자 하는 생명공학이다. 헌데 우리 사회에서 안전은 근로자의 목숨을 지키는 가치로 인정받지 못하고 있다. 일례로 사업장의 안전 범위를 인원과 매출액으로 제한한 규정은, 대한민국을 사고 공화국으로 만드는 방조 행위다. 적어도 노동정책은 근로자의 안전에 집중해야 바람직하다. 잘못되어 소규모 사업장은 안전을 지키지 않아도 된다는 논리가 되면, 안전 개혁이란 용어는 꿈의 얘기에 머무를 수밖에 없다. 우리는 그동안 사고가 발생하고 나면 뒷감당하느라 바삐 움직이는 사례를 많이 보아 왔다. 그렇기에 이제는 작은 것에도 큰 관심을 두어야 하며. 萬의 하나를 염려하는 사고를 가져야 한다.

초고속 성장에 따라가지 못한 안전관리의 결과는, 최근 우리나라 최고 기업들의 연쇄적 사고가 잘 증명해 주고 있다. 소규모 사업장도 유해 위험물질과 위험 기계, 기구를 사용하고 있지만, 안전관리가 무엇인지도 모르고 있는 기업이 허다하며, 오늘도 아슬아슬하게 사고의 구덩이를 넘어 가고 있는 곳이 태반이다. 고로 현실은 안전 수준도 달인 수준으로 질적 향상이 필요하다. 개혁을 하지 않으면 OECD 안전 꼴찌 수준을 벗어나지 못하게 되고, 세계 무역 10대 강국의 이미지를 희석 시키게 됨을 명심해야 할 시기가 됐다. 얼마 전 모방송 뉴스에서는 성수대교 붕괴 20주년 소식과 함께 모 기관에서 조사한 대한민국 국민들의 안전 의식 점수가 발표 되었다. "대한민국 국민들의 안전 의식 점수는 100점 만점에 17점"이었다. 17점... 이대로는 안 되겠다. 이제 국민 모두가 무엇을 하든지 안전을 제일로 여기는 새로운 각오가 필요할 때이다.

안전은 사랑입니다

나는 안전이 얼마나 소중한 것인가를 깨닫게 해준 부끄러운 안전사고가 있었다. '펑'하는 굉음과 함께 내 주변은 불바다가 되었고 온몸에 불이 붙고 있었다. 순식간의 일이었다. 가스 폭발 사고였다. 잠깐 동안 안전을 생각하지 못한 일로 엄청난 고통의 시간은 시작되었다. 29년 전 일이다. 당시 나는 꿈과 희망을 안고 대기업에 입사하여 열심히 일하는 신입사원이었다. 사고로 온몸에 화상을 입고 19개월이라는 시간 동안 여러 차례 죽을 고비를 넘겨가며 화상 치료를 받았다. 그토록 심한 고통 속에서 나는 새로운 결심을 하게 되었다. '내가 만약에 살아난다면 나처럼 잠깐의 부주의로 되돌릴 수 없는 아픔을 당하는 사람들이 생기지 않도록 하는 일에 내가 앞장서자!'고 말이다. 치료를 마친 후 회사로 복귀할 때 나는 자원하여 안전관리 업무를 맡았다. 그리고 미친 듯이 현장에서 안전을 외치고 다녔다. 그 결과 많은 분들의 도움으로 성공적인 안전관리 업무를 수행해 '무재해 목표시간 15배 달성'이란 놀라울만한 성과를 이뤄냈고, 전국산업안전보건대회에서는 대통령 단체표창을 수상하기도 했다. 수상식장에서 '나는 이제 대한민국의 안전을 위해 일하기'로 결심하고. 회사를 퇴직한 후 안전교육 강사로 활동하고 있다.

'정(情)이 넘치는 바른(正)사회 만들기' 즉, '사랑이 넘치는 안전한 나라 만들기'가 나의 큰 소망이다. 그 소망을 담아 18년째 4800여 회 강의를 해왔다. 전국의 안전교육 현장에서 "안전은 사랑입니다."를 외치고 다니고 있다.

안전을 자기사랑의 마음으로 실천하자!

우리나라에서는 한 해 동안 각종사고로 40여만 명의 부상자와 1만여 명 이상의 사망자가 발생하고 있고, 지금 이 시간에도 사고가 끊임없이 일어나고 있다. 만약 내가 잠깐 동안 안전을 생각하지 못해 안전사고를 당한다면 얼마나 끔직한 불행으로 빠져 들게 되는지 생각해야한다. 손가락 하나, 발가락 하나라도 스페어(여벌)로 가지고 있는 사람은 없을 것이다. 아직도 많은 사람들이 아차 하는 사이에 일어난 안전사고로 인해 평생을 후회하며 살아가게 된다. 꿈과 목표를 가지고 살아가는 사람이라면 안전부터 실천해야한다. 누구도 내 안전을 대신 책임져줄 사람은 없다. 내가 나를 지켜주는 마음, 자기사랑의 마음으로 안전을 실천해야한다.

안전을 가족 사랑의 마음으로 실천하자!

사고가 나면 당사자뿐만 아니라 가족들이 함께 고통을 받는다는 것이다. 진정 자녀를 사랑하는 마음으로 안전을 실천해야 한다. 아내를 사랑하는 마음으로 안전해야 한다. 부모님들께 효도 하는 마음으로 안전 해야 한다. 내 가족들을 든든한 울타리가 되어 지켜 준다는 마음으로 안전을 실천해 야한다. 만약 내가 안전사고가 당하게 된다면 자녀들의 뒷바라지 는 누가 해줄 것인가? 뒷바라지를 못해 주는 것보다 더 심각한 것 은 내가 가족들에게 짐이 될 수 있다는 사실이다. 울타리가 되어야 할 부모로써 사고로 중증 장애인이 되거나 부상을 당하게 된다면 가족들에게 짐이 될 수 있는 것이다. 가족들을 사랑하는 마음으로 안전을 실천해야한다.

안전을 회사사랑(안전경영)의 마음으로 실천하자!

안전사고는 많은 기업의 경영에 치 명적인 문제가 되고 있다. 안전사고, 화재사고를 통해 경영 위기를 맞은 많 은 기업들을 우리주변에서 볼 수 있 다. 안전사고로 인해 발생되는 직접  비용(사업주배상책임, 공공비용, 임금손실, 추가보상비용, 사고수 습비용, 복구비용 등)과 간접비용(근로자 사기저하, 작업-생산중 단비용, 납기지연 추가비용, 작업효율성의 저하, 기업 신뢰도 저 하 등)은 기업경영의 악화를 초래할 수 있다. 나의 일터를 사랑하 는 마음으로 안전을 실천해야한다. 나의 일터는 내가 지킨다는 마 음으로 안전해야 하는 것이다. 자기 회사의 기업 신뢰도를 위해서 도 안전해야한다. 단 한건의 사고로 기업 신뢰도가 무너져 고객들 이 불신하고 외면하는 회사가 된다면 경영적인 측면에서 얼마나 큰 타격이 될 것인가를 생각하며 "안전경영"의 마음을 가지고 일 할 수 있어야 한다.

나라사랑의 마음으로 안전을 실천하자!

대한민국에서는 매년 산업재해로 인해 19조원이 손실되고 있 다. 모 일간지에 소개 되었던 내용을 보면 "안전이 곧 국익"이라 는 1면 톱기사에1년에 대한민국에서는 31조원의 재해비용이 발생한다고 한다. 이는 대한민국의 1년 국방예산과 맞먹는 금액이라고 하니 엄청난 금액임에 틀림이 없을 것이다 이 나라에서 안전사고가 발생하지 않는다면 많은 사람들이 피 흘리며 부상을 당하는 것을 막을 수 있고, 많은 사망자를 없앨 수 있을 뿐만 아니라 국방예산과 맞먹는 비용이 새어 나가는 것을 막을 수 있는 것이다. 대한민국!! 안전한 나라만 되어도 지금보다 더 잘사는 나라가 될 수 있을 것이라고 나는 강력히 주장 한다.

나는 매번 강의를 마무리 하면서 안전의 정의를 이렇게 내리고 있다. "안전(安全)은 각자가 가지고 있는 편안한 상태(작은 행복)들을 온전하게, 계속해서 지켜 나가는 것이다." 그렇다 행복한 내일을 만들겠다고 열심히 적금을 물어 나가고, 열심히 일하면 무엇 하겠는가? 내가 나의 안전을 지키지 못해 안전사고로 중증 장애인이 되고, 목숨을 잃게 된다면 돈이 무슨 소용이 있겠는가? 세살버릇 여든까지 간다고들 한다. 그만큼 올바른 습관이 중요하다. 모든 일을 하기 전 안전점검의 습관이야 말로 귀중한 생명을 보호하고 행복한 나라의 초석을 만들 수 있다고 생각한다. 우리나라 구석구석에서 안전점검 습관화 문화가 정착되는 날 비로소 안전한 일터, 건강한 근로자, 행복한 대한민국이 실현될 것이다.

안전은 사랑이다!

하나님나라에 대한 비전

주경일 목사

Profile

- 서초신원교회 목사

하나님나라에 대한 비전

서초신원교회 목사 **주 경 일**

　우리는 흔히들 비전 있는 나라, 비전 있는 기업, 비전 있는 사람, 비전 있는 교회 등 비전에 대한 이야기를 한다. 그렇다면 비전이란 무엇일까? 사전에서 찾아보면 "한 공동체가 함께 바라보고 나아가야 할 공통된 목표"라고 알려 준다.

즉, "한 국가, 한 기업, 한 교회, 한 가정에 이르기까지 그 공동체의 구성원 전체가 한 마음과 한 뜻으로 힘을 모아 바라보고 나갈 미래의 목표"라고 할 수 있다.

그리고 그 목표가 선명하고 고상할수록 구성들에게는 힘이 더 커진다.

일본인들이 많이 기르는 관상어 중에 코이라는 잉어가 있다.

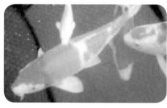

이 잉어를 작은 어항에 넣어 두면 많이 자라야 8센티미터 밖에 자라지 않는다. 그러나, 아주 커다란 수족관이나 연못에 넣어 두고 키우면 최대 25센티미터까지 자란다고 한다.

하지만, 이 코이라는 물고기를 강물에 방류하면 최대 120센티미터까지 성장한다고 한다. 이처럼 코이는 자기가 숨 쉬고 활동하는 세계와 크기에 따라서 조무래기가 될 수도 있고 대어가 될 수도 있다는 것이다.

비전이란 코이라는 물고기가 처한 환경과도 같다. 우리들이 더 큰 비전을 가지면 가질수록 더 크게 자랄 수 있다. 비전의 크기는 제한을 받지 않는다.

완성하는 삶은 항상 커다란 비전과 함께 시작된다

비전이라는 밑천은 바닥을 드러내는 일이 없으며 계속 도전하도록 열정을 분출하는 무한의 에너지이다. 그러기에 비전의 중요함에 대하여 나폴레옹은 "인류의 미래는 인간의 상상력과 비전에 달려 있다."고 하였다.

한 나라, 한 기업이 지지부진할 때 비전 있는 지도자가 등장하여, 분산된 힘을 하나로 모아 직면한 어려움을 거뜬히 극복하여 나가게 된다.

대한민국 사람들에게는 공통된 비전이 있는데, 바로 남북통일이다. 대한민국은 70년이 넘도록 남과 북이 분단된 상태로 지금까지 살아왔다.

그래서 지금도 전 세계에서 유일하게 분단된 곳이 바로 이곳 한반도인데 따라서 이제는 우리가 어떠한 희생이 있더라도 이 한반도 땅에 통일의 시대를 만들어가야 하고 그러기 위해서 지도자와 정치인은 대한민국 5천만 국민들에게 통일에 대한 비전을 심어주어야 한다.

그리고 지금이야 말로 지도자에게도 정치인에게도 리더십이 필요한 때이다.

북한의 지도자 김정은은 북한 동포들에게 비전을 주는 지도자가 아니다. 그러기에 북한 땅에는 희망이 없다. 희망이 없는 그곳이 바로 지옥이다.

단테가 쓴 불후의 명저 "신곡"에 지옥편이 있다.

그 책에서 지옥을 묘사하기를 지옥의 입구에는 '희망이 끊어진 곳'이란 팻말이 붙어 있다고 하였다. 참으로 적절한 표현이라 여겨진다.

이승이나 저승에서나 희망이 사라진 자리가 지옥일 수밖에 없다. 그리고 희망이 끊어진 곳이 지옥이라면 '희망이 살아 있는 곳'은 천국이 된다.

나치 독일의 수용소에서 마지막까지 살아남은 빅터 프랭클(Victor Frankl)박사는 수용소 생활 중에서 한 가지 사실을 깨닫게 되었는데, 그것은 바로 내면 정신세계에 현실을 극복하여 나갈 수 있는 힘이 있음을 알게 되었다는 것이다.

즉, 수용소 안에서 날마다 사람들이 죽어나가는 현실 속에서 그래도 끝까지 견디는 사람들을 보며 그들을 견디게 할 수 있는 힘이 무엇인지를 살피게 되었는데, 그것은 건강도 아니었고 지능도 아니었고 생존기술도 아니었다.

오히려 이런 사람들은 힘없이 무너지는 것을 보았다. 빅터 프랭클 박사가 발견한 사실은 다름 아닌 미래에 대한 비전이었다.

미래에 대한 비전을 품은 사람이 온갖 악조건을 견뎌내고 마지막까지 자신을 지켜 나갈 수 있는 힘임을 알게 되었다.

예나 지금이나 우리가 직면하는 문제들을 극복하여 나갈 수 있는 힘은 비전이다.

비전을 품은 사람은 자신이 부딪히는 어떤 문제도 극복하여 나갈 수 있는 내면의 힘을 지니게 된다는 것이다. 비전이 없는 곳에는 희망이 있을 수가 없다.

구약성경 잠언 29장 18절에 보면 "묵시가 없으면(비전이 없으면) 백성들이 방자히 행하거니와(망할 짓을 하거니와) 율법을 지키는 자는(말씀을 따르는 사람은) 복이 있느니라." 하였다.

이처럼 성경은 말씀하기를 "비전 없는 백성들은 망할 짓을 골라서 하게 된다." 하였다.

국민들에게 비전이 있고 없는 것에 따라서 국운이 좌우된다. 그러기에 지도자와 정치인이 지녀야 할 덕목 중 하나가 "비전을 줄 수 있는 능력"이라고 생각한다.

그런 점에서 우리나라의 미래가 염려된다. 그것은 대한민국을 이끌어갈 지도자와 정치인이 비전으로 국민들을 감동시킬 수 있는 능력이 없기 때문이다.

우리나라 국민들은 똑똑하고 슬기롭기 때문에 지도자가 비전만 제대로 제시하면 어떤 환경 속에서도 이겨나갈 수 있다.

구약성경에 보면 모세라는 신앙의 지도자가 나타나서 애굽에서 종살이를 하고 있는 이스라엘 백성들에게 가나안이라는 수준 높은 비전을 제시하여 준다.

당시 이스라엘 백성들은 오랜 동안 애굽에서 노예로 있으면서 절망 속에 살았는데, 바로 그들에게 가나안이란 새 땅, 희망의 땅, 약속의 땅에 대한 비전을 제시하여 준 것이다.

그리고 그러한 비전을 통하여 이스라엘 백성들은 애굽을 떠나 가나안 땅으로 출발하게 되고, 40년 만에 젖과 꿀이 흐르는 가나안 땅에 들어가게 된다.

예수님은 마가복음 1장 15절에서 "때가 찼고 하나님의 나라가 가까이 왔으니 회개하고 복음을 믿으라." 그러셨다.

예수님은 이 땅에 계실 때, 하나님나라의 비전을 가르치셨고,

그리스도의 사랑으로 하나님의 나라를 세워 나가는 비전을 말씀하셨다.

그리고 십자가를 통하여 그 본을 보이시고 하나님나라의 건설을 시작하였고, 제자들도 목숨을 바쳐가며 하나님나라 건설을 위해서 살았으며, 지금은 그리스도인들이 삶을 던져 하나님나라의 건설을 위하여 헌신하고 있다.

예수님이 재림하시는 그날까지 하나님나라 건설은 중단 없이 진행될 것이다.

이 땅에 모든 사람들이 갖추어야할 비전은 하나님의 나라이다. 여러분 모두는 천국에 대한 비전을 갖고 천국을 목표로 삼아야 한다. 여러분의 인생목표를 천국에 두기를 바란다.

그래서 성경은 골로새서 3장 1절 말씀에서 이 시대의 사람들에게 "위의 것을 찾으라." 고 말씀한다. 그러므로 이 땅에 모든 사람들은 예수 그리스도를 영접하고 구원받은 백성이 되고 하나님의 자녀가 되어 우리의 생각이 하늘의 것에 사로잡혀 있어야 한다.

목적은 하나님의 나라이다. 단지 이 세상에서 천국에 대한 소망으로 잠시 위로를 받는 것이 아니라 천국에 대한 비전을 품고 하나님의 뜻을 따라 살아가는 복된 사람들이 되어야 한다.

우리들이 성령 충만을 구하는 목적도 여기에 있다. 성령은 비전의 영으로 구약성경 요엘 2장 28절에 보면 이렇게 말하는데 "내가 내 영을 만민에게 부어주리니 너희 자녀들은 장래 일을 말할 것이며 너희 늙은이들은 꿈을 꾸며 너희 젊은이들은 이상을 볼 것이다." 말씀하고 있다.

성령께서는 우리들로 하여금 이 땅에서 하나님나라의 비전을 갖게 하시고, 그 나라를 향하여 나아가게 하신다. 이러한 삶을 사는 사람은 단순히 행복한 삶을 살았던 그런 사람이 아니라 위대한 인생을 살았던 사람이 되는 것이다.

그리고 하나님께서도 그렇게 평가해 주리시라. 나는 믿는다.

나는 '안정'보다 '비전'을 선택했다

최갑도 소장

Profile

- 현) 배움연구소 소장 (저서 : 배움은 배신하지 않는다. 외 다수)
- 현) (주)씨앤피네트웍스 대표 교수
- 현) 한국강사협회 교육위원장(자기계발)
- 전) 한국긍정심리연구소 부소장
- 전) 기아자동차 교육팀 교수 / 기아기술대학교 전임교수, 교무처장
- 전) 현대차 인재개발원 교육담당
- KBS 아침마당(스타강사), 석세스TV(인생을 바꾸는 힘 '배움'), MTV(100세시대 행복한 삶)

나는 '안정'보다 '비전'을 선택했다

배움연구소 소장 **최 갑 도**

계속 꿈을 꾸고, 그 비전을 향해 나아가라!

비전은 인생의 불필요한 낭비 요소를 제거하고 즐거운 삶, 보람 있고 자신감 있는 삶으로의 전환을 도와준다. 한번 밖에 없는 내 삶의 방향을 명확하게 정하고, 비전을 확실하게 이루도록 지렛대 역할을 하는 원동력으로서 매우 중요한 역할을 한다. 성공적인 삶을 원하는 사람들은 현재의 안정보다 더 큰 '비전'을 선택하는 것이 중요하다.

학력에 도전

쉽지 않은 결정이었다. 직업군인 기술행정부사관은 안정된 직업이었다. 월급과 숙식도 제공 돼 크게 걱정할 것이 없었다. 내가 있는 위치에서 제법 인정도 받고 있었다. 하지만 나는 내 평생의 한이었던 공부가 하고 싶었다. 대학진학은 나에게 꿈이었다. 그래서 나는 과감하게 전역을 했다. 그리고 1급 자격증으로 입학시험을 볼 수 있는 창원기능대학 시험을 응시했다. 비전을 향해 밤잠을 줄여서 오랫동안 준비했는데 안타깝게도 창원기능대학 입학시험에 떨어지고 말았다. 꿈에 부풀어서 사력을 다해서 준비했는데 대학시험에 떨어지다니. 눈앞이 캄캄했다. 적지 않은 나이 30살 되었고 먹고 살길도 막막했다. 살아있을 의미를 못 느끼는 힘든 나날이었다. 그러던 어느 날 화장실 거울에 비친 내 모습을 봤다. 너무 초라한 모습이었다. 어떻게 할 것인가? 유교경전에 '궁즉통'이란 말이 있다. 나는 내 스스로에게 얘기했다. "최갑도, 이대로 끝날 것이냐? 넌 누구보다 강하다! 할 수 있다!" 그래! 공부를 체계적으로 하기로 굳은 결심을 했다. 그래서 중학과정, 고등과정 검정고시를 준비했고, 모두 합격한 후 그 해 12월에 기능대학에 응시했다. 그리고 창원기능대학에 합격할 수 있었다.

페르시아에 전해지는 꼽추왕자 이야기가 있다. 페르시아에 똑똑하고 성격이 좋은 왕자가 있었다. 그는 모든 부분이 거의 완벽했지만 단 하나 꼽추라는 치명적인 단점이 있었다.

왕은 왕자를 볼 때마다 가슴이 아팠다. 그래서 왕자에게 모든 선물을 다 해줬다. 그리고 왕자의 10살 생일 날, 왕은 왕자에게 선물로 무엇이 갖고 싶으냐고 물어봤다. 왕자는 등을 제대로 편, 자기 동상을 만들어 달라고 했다. 왕은 왕자를 측은해하며 결국 동상을 만들어줬다. 그리고 10년 후 놀라운 일이 벌어졌다. 왕자가 동상의 모습처럼 등을 제대로 펴게 된 것이다. 왕자는 동상을 보면서 끊임없이 노력했던 것이다. 이렇게 꿈을 가지고 포기하지 않고 끊임없이 노력하면 이룰 수 있는 것이다.

사법시험에 도전

꿈에 그리던 대학 생활을 하니 재미있고 신기하기만 했다. 기숙사 사생장을 했을 정도로 학교생활을 정말 열심히 했다. 그리고 졸업과 동시에 현장실습 때 인정을 받아서 현대자동차 서비스에 취업했다. 군대생활을 힘들게 하다 보니 직장생활은 어렵지 않았다. 내 안에서 뭔가 자신감이 계속 생겼다. 그러던 중 또 하나의 꿈이 생겼다. '그래, 계속 공부를 해보자. 공부가 내 적성인지도 몰라. 내친김에 사법시험에 도전하여 법관이 되어보자.' 이런 생각을 하고 과감하게 회사에 사표를 냈다. 그리고 법 공부를 하기 위해 도서관에 열심히 다녔다. 어떻게 보면 과감한 도전일 수도 있다. 하지만 지금 생각해 보면 한 여자의 남편으로서 하지 말았어야 할 결정이었는지 모르겠다. 내가 막 사표를 냈을 당시 아내와 신혼생활을 시작할 무렵이었다. 하지만 아내는 불평 한마디 없이 헌신적으로 나를 도와

주고 응원해 줬다. 그리고 몇 개월이 지나 아내가 임신을 했다. 기뻤지만 한편으로 아내에게 미안한 마음이 들었다. '가장으로서 이래도 될까?'라는 생각이 들었다. 공부가 손에 잡히지 않았다. 가장의 역할을 하고 있나? 아무리 생각해도 답은 '아니'었다. 주위에서 취업을 권유했다. 결국 나는 취업을 하기로 마음을 먹었고 대학 교수님의 소개로 기아자동차에 취직할 수 있었다.

어린 시절 나의 비전 '선생님' 도전

입사 후, 열심히 근무하던 중 사내직업훈련원에서 사내 강사 제안이 들어왔다. 학력 콤플렉스가 있던 사람이 이제는 누군가를 가르친다는 게 정말 감격스럽고 벅찬 일이었다. 그때는 일본 마쯔다 자동차연구소에 엔진 담당자인 내가 3개월간 연수를 가기로 결정되어 있는 상태였다. 회사 입장은 일본 마쯔다 연수는 다른 사람이 가도 되지만 직업교육 과정을 맡아서 진행하려면 훈련교사 자격을 갖춘 사람이 필요했다. 마쯔다 자동차연구소 연수는 엔진 담당자인 나에게 굉장히 좋은 기회이기도 했다. 일본 유수의 자동차 기업에서 기술도 배우고 일본어도 배울 수 있는 좋은 기회가 분명했다. 하지만 강사는 내 비전이었다. 어렸을 적부터 선생님이 되고 싶었다. 하지만 배움과는 거리가 멀어지자 완전히 포기했던 꿈이었다. 연수를 가면 승진이 보장됐지만 나는 비전을 택하기로 했다. 이번 기회를 놓치면 평생 후회할 것만 같았다. 모든 기회는 불확실함과 위험 속에 있다. 많은 사람들이 확실한 곳으로 가고 싶어 하지만 확실하고 안전한 곳에는 기회가 없다. 위험과 불확실함을 감수하지 않으면 나에게 기회라는 것이 영원히 오지 않는 것이다. 그렇게 사내훈련원으로 들어가 강사 업무를 시작했다. 이곳저곳을 돌아다니며 내가 누군가를 가르칠 수 있다는 것이 생각만 해도 꿈만 같았다. 하지만 평온은 오래가지 못했다.

드디어 강단에 선다는 설렘을 안고 사내 직업훈련원에서 강사업무를 시작했다. 그런데 강의를 한다는 것이 결코 쉬운 일이 아니었다. 전공지식과 기술은 머릿속에 충분히 있는  데, 이 내용을 많은 사람들 앞에 서서 논리적으로 얘기한다는 것이 결코 만만치 않았다. 초반에는 강단에 설 때마다 얼굴이 후끈 달아오르고 다리가 사시나무 떨리듯 후들후들 떨렸다. "어린 교육생들 앞인데 왜 이렇게 떨릴까요? 일이 적성이 안 맞는 건 아닐까요?" "무슨 소린가. 지금은 베테랑 강사가 된 사람들도 처음 대중 앞에 섰을 때는 대부분 떨었을 거라네. 자연스러운 현상이니까 걱정하지 말게." 주변 사람들의 위안과 지지를 받으며 마음을 다잡았지만 정말 만만한 일이 아니었다. 옛말에 세상살이 가운데 힘든 세 가지가 있는데, 첫 번째가 같이 살기 싫은 사람이 자꾸 함께 살자고 매달리는 것이고, 두 번째가 나무에 올라갈 때 나뭇가지를 잡고 거꾸로 올라가는 것, 세 번째가 청중 앞에 서서 사람들을 설득시키는 것이라고 했다. 나는 그 세 번째 힘든 일에 도전한 것이다.

사무직 도전

몇 년 후 회사에서 기술직무 강사들은 사무직으로 전직하라는 통보가 왔다. 전직을 하기 싫으면 무조건 현장으로 돌아가라고 했다. 사무직으로 옮기는 자체는 어렵지 않지만 문제는 전직을 하게 되면 급여가 20% 정도 줄고 사무직군에 맞는 인사고과 평가도 받아야 한다. 현장에서 근무하던 나에게는 쉽지 않은 결정이었다. 그래서 기술 담당 강사들 중 90% 이상은 모두 현장으로 복귀했다. 나이도 많고 인사상의 불리함이 있었지만 나는 전직을 택했다. 원하는 길을 가라는 아내의 지지 덕분이었다.

호텔왕 콘래드 힐튼은 이런 말을 남겼다. "내가 호텔 종업원으로 일할 때 나보다 뛰어난 사람은 얼마든지 있었어요. 하지만 그들은 나처럼 하루도 빠짐없이 자신의 미래를 생생하게 그리지는 않았어요. 노력이나 재능보다 훨씬 중요한 것은 성공을 꿈꾸는 능력 즉 '비전'의 설정 입니다." 그렇다. 아주 잠깐 꿈을 꾸는것은 쉽다. 하지만 그 꿈을 꾸준히 꾸고 노력해 나가는 것은 쉽지 않다. 노력도 재능도 물론 중요하지만 내 삶을 바꿔주는 것은 비전이다. 나는 계속해서 꿈을 꿨고 비전을 향해 나아갔고 결국 꿈을 이룰 수 있었다.

최근 현대·기아차그룹은 청년 실업자들을 대상으로 한 직업교육

컨소시엄을 지속적으로 확대해 나가고 있었다. 직업교육 컨소시엄이란 훈련이 끝나면 협력사인 중소기업에 취업을 시켜주는 청년취업교육 프로그램이다. 이 교육이 다 끝나면 교육생들은 반드시 취업상담을 하게 되어있다. 상담 때마다 나는 꼭 이 질문을 한다. "교육 많이 시켜주는 회사와 월급 많이 주는 회사가 있습니다. 어느쪽을 지원하고 싶나요?" "솔직히 말씀드리면 아무래도 월급 많은쪽이……." 대부분의 교육생들은 후자를 원한다. 그러면 나는 질문을 바꾸어 교육생들에게 묻는다. "자, 그렇다면 다시 한 번 묻겠습니다. 여러분은 죽기 전에 충분히 벌지 못한 돈이 생각날까요? 아니면 충분히 배우지 못한 것이 생각날까요?" 이렇게 죽기 전에 무엇을 더 후회하겠냐고 묻는다. 나는 이 질문에 전자를 답하는 사람을 아직 단 한 명도 본 일이 없다.

새로운 비전 '기업교육 최고 명강사'

나는 어린 시절 선생님의 꿈을 사내 직업훈련원 강사로 바꾸어 생활하였다. 남들보다 어려운 환경에서 자랐다고, 많이 배우지 못했다고, 생산직 직원이라고, 여러 편견에 갇혀 도전을 포기했다면 다가가지 못했을 꿈이다. 편견의 틀에서 벗어나 계속 도전하라. 자기 꿈을 선명하게 간직하고, 기회를 도전으로 응하는 힘과 정신이 있는 한, 꿈은 반드시 이루어지기 마련이다.

인생의 갈림길에서 언제나 배움이나 꿈처럼 더 가치 있는 것을 택했고 그 결과에 늘 만족했다. 그래서일까? 수십 년의 인생을 통틀어 이 확신만큼은 결코 흔들리는 법이 없었다.

그럼 지금 나는 어떤 비전을 품고 살고 있는가?

나의 비전 : '기업 및 개인의 행복한 성공을 돕는 기업교육 전문가'

나의 각오 : 기업교육 전문가 최 갑 도는 '할 수 있다.'는 마음자세로 최선을
　　　　　다할 것을 굳게 다짐한다.

긍정 사고 : 기업교육 전문가 최 갑 도는 1%의 가능성을 100%로 바꾸고
　　　　　초 긍정 마인드로 어떤 고난과 고통도 반드시 극복해낸다.

자기 암시 : 미래는 미래가 있다고 믿고 준비하는 자에게만 다가온다.
　　　　　내 인생의 주인은 나다.
　　　　　나는 용기 있다! 나는 성공 한다! 나는 행복하다!

기업교육을 담당한지 벌써 삼십여 년이 흐르고 보니 꿈이라는 것이 참 묘하다는 생각이 든다. 꿈은 최고의 도전과제이다. 아직 이루지 못한 꿈이란 아직 도전하지 않은 꿈일 뿐이라고…….

"인간이 할 수 있는 일이라면 무엇이나 할 수 있다는 마음만 갖는다면 설사 어떤 고난에 처한다 해도 언젠가는 반드시 비전을 달성할 수 있다."

꿈을 현실로, 행복한 인생설계

최용균 소장

Profile

- 비전경영연구소 소장
- 행복나눔 125 지도자
- 대한민국 산업현장교수
- NLP, 에니어그램 트레이너
- 한양여자대학교 외래교수
- 한국코치합창단 지휘자

꿈을 현실로, 행복한 인생설계

비전경영연구소 소장 **최 용 균**

꿈을 현실로 이루는 비결

　필자는 몇 년 전부터 매년 연말이나 한 해가 시작될 때 '꿈을 현실로, 행복한 인생설계' 라는 제목으로 강사과정을 운영하고 있다. 그 과정에는 자신의 꿈을 구체적으로 디자인하고 동료들과 같이 실행에 옮길 수 있는 환경을 구축하여 상호 코칭을 해주면서 꿈을 현실로 만들게 하는 프로세스가 있다. 가장 먼저 자신이 이 땅에 온 이유, 다시 말해 존재의 이유가 되는 사명을 찾아본다. 지난 해 참석하셨던 어떤 초등학교 교장선생님의 사명이 참 인상적이었는데

'나의 사명은 나 자신의 삶을 보고 남들이 본받고 싶은 그런 삶을 사는 것입니다. 라고 발표하면서 다른 참가자들에게 감동을 전해 준적도 있었고 어떤 직장인은 존경받는 아빠, 사랑받는 남편, 선한 영향력을 전해주는 것입니다.' 라고 발표한 적이 있다. 태어나면서 필요 없이 태어난 사람은 아무도 없다. 사람들은 이 세상에 태어날 때 태어난 이유를 가지고 태어나게 된다. 처음부터 그것을 발견한 사람은 없고 세상을 살면서 무언가를 경험하면서 배우고 깨닫게 되는 것이 바로 사명이다. 필자는 사명을 너무 소중하게 여기고 있기 때문에 아예 명함에다 넣어서 다른 사람들에게 소개하기도 한다. '나의 사명은 개인과 조직의 변화와 성장을 돕고 꿈을 현실로 이루게 하여 행복한 성공을 안내하는 것이다.' 이렇게 쓰여져 있다. 사명을 먼저 정한 다음에는 미래에 이루고 싶은 목표 다시 말해 비전을 만들어 본다. 비전은 보통 000 000가 되어서 000 000를 한다. 이렇게 표현을 하는 것이 좋다.

몇 년 전 필자의 강의를 들은 직장인 중에서 '나의 비전은 미용과 건강 분야 전문성을 갖춘 후 교수가 되어 학생들에게 강의하는 존경받는 교수가 되는 것입니다.' 이렇게 발표했던 그 분이 몇 년 후

실제 모 대학 교수가 되어 반갑게 이야기를 주고받은 적이 있었다. 사명을 선포하고 비전을 만든 다음에는 미래의 꿈을 이루기 위해 향후 1년 동안 구체적으로 해야 할 일은 어떤 것인가?

단기 계획을 세우는 것이 중요한데 그 계획을 세울 때 무엇을 언제까지 얼마만큼 세 가지가 기술되는 것이 필요하다. 구체적으로 잘 만들어진 계획은 측정 가능하고 현실적으로 달성 가능하며 사회적으로도 가치 있고 미래지향적인 것일수록 좋다. 계획을 세울 때는 개인적인 목표도 중요하지만 가정적인 목표도 있어야 하고 조직이나 사회에도 기여할 수 있는 목표를 함께 세우는 것이 중요한데 일과 삶, 가정과 직업이 발란스를 맞추었을 때 비로서 온전한 행복에 도달할 수 있기 때문이다. 사명과 비전, 그리고 목표를 이루기 위한 1년 단위 단기 실행계획이 세워지면 혼자 쓰고 덮어버릴 것이 아니라 가까운 사람들에게 알리는 것이 좋다. 남에게 알린다는 것은 약속을 거는 효과가 있기 때문에 실행단계에서 강력한 동기부여가 될 수 있기 때문이다. 이러한 과정을 3년에서 10년 정도 지속적으로 하게 되면 웬만한 목표는 거의 다 이루어지거나 혹시 덜 이루어졌다 하더라고 그 만큼은 이루어진 것이고 한 해 한 해를 계획과 반성으로 보내기 때문에 시간낭비를 줄이고 더 효율적으로 시간을 사용하는 효과가 생기게 된다.

행복한 인생설계

왜 사는가? 왜 일하는가? 왜 돈을 버는가? 이런 질문에 답을 하다보면 결국 사람들은 행복해지려고 일하고 돈 벌려 일하고 누군가를 만나고 어떤 시간을 보내고....... 그런 대답들을 하게 된다. 사람들은 누구나 행복해 지기를 원한다.

처음 날 때부터 불행해지려고 사는 사람은 아마 아무도 없을 것이다. 누구나 행복해 지기를 원하지만 모두가 행복한 삶을 살게 되지는 않는다. 그렇다면 어떤 사람들이 비교적 행복하게 사는가? 선진국에서는 이미 이런 주제의 연구가 오래 전 부터 진행된 사례들이 많다. 하버드 대학의 조지 베일런트 교수가 쓴 "행복의 조건" 이란 책에 보면 비교적 인생을 오래도록 행복하게 살고 있는 사람들은 첫째 서로 사랑하는 배우자를 만나 결혼생활에서 가정이 평안하고 주변에 마음이 통하는 사람들과 관계를 잘 맺고 그리고 신앙생활도 하는 사람들이 다른 사람들에 비해 오래도록 행복하게 살고 있다는 연구결과를 발표하기도 했다.

필자도 이제껏 세상을 살면서 행복을 추구해 왔고 다른 사람들이 행복하게 살 수 있도록 도와주는 역할을 하는 코치와 강사의 삶을 살고 있다고 생각하기 때문에 행복에 대한 관심이 남들보다는 비교적 더 높다. 행복이란 기대를 줄이고 가진 것에 대해 감사하는 것이다. 이렇게 행복의 정의를 내려 본다. 그럼 행복한 인생을 살기 위해서는 어떤 계획과 목표가 필요한가? 먼저 행복하게 살고 싶다는 욕구가 있어야 한다. 행복하게 살고 싶은 욕구가 있는 사람은 어떤 삶이 행복한 삶인지 관심이 생기고 행복해 지는 방향으로 더 노력하게 된다. 대학에 들어가려고 할 때에도 계획이 필요하고 직장에 들어갈 때에도 전략이 필요하고 작은 집을 하나 짓기 위해서도 설계도가 있어야 하듯이 행복한 인생을 살기 위해서도 그 나이에 맞는 설계가 필요하다.

　학생은 학생에 맞는 인생계획이 필요
하고 직장인은 직장인에 맞는 계획이 필
요하며 직장에서 은퇴를 하는 시기라면
거기에 맞는 새로운 제 2의 인생 계획이
필요하다. 남은 인생을 어떻게 살 것인
가? 행복한 인생을 살기위해 나에게 그리고 우리 가족에게　어떤
것들이 더해지면 좋은가?　혹은 더 나은 행복을 위해 과감하게 그
만 두거나 줄여야 할 것은 무엇인가? 이런 것들을 질문하고 답하고
그러다 보면 멋진 인생설계도가 나오게 될 것이다.

그렇다면 **어떤 인생이 행복한 인생인가?**

　첫째, 자신을 사랑하는 사람이 행복한 사람이다. 자신을 사랑하
는 사람은 자신에 대한 자존감이 높은 사람이다. 나는 태어나길 잘
했어, 난 괜찮은 사람이야. 난 소중한 존재야. 이렇게 주변에 발생
되는 일에 대해 긍정적 수용을 하며 잘 받아드리는 것이다. 반면에
행복하지 않은 사람은 난 괜히 태어났나봐. 내가 정말 하고 싶은 일
이 뭔지 모르겠어. 여기 왜 왔는지 모르겠어. 이렇게 자신을 낮게
여기고 누군가와 자기를 계속 비교하며 억울하고 속상한 느낌으로
사는 사람들은 불행한 사람이다. 필자는 매일 아침 화장실에서 세
수할 때마다 거울을 보면서 최용균 ! 너는 괜찮은 사람이야! 최용균
! 네가 하는 일은 가치 있는 일이야! 최용균 ! 네가 하는 일은 잘 되
게 되어있어! 이렇게 자기암시를 걸고 하루를 시작하는데 매일 그

시간이 긍정의 에너지와 행복의 기운이 만들어 지는 시간이다.

둘째, 미래에 꿈과 희망을 갖고 사는 사람이 행복한 사람이다. 꿈이 있는 사람은 어려운 일을 만나더라도 결코 절망하거나 낙담하지 않고 꿈을 향해 미래로 나아갈 수 있다. 반면에 꿈이 없는 사람은 작은 실패에 쉽게 좌절하고 낙담하게 된다. 꿈이 있기에 오늘의 힘든 것들도 잘 이겨내고 참아낼 수 있다. 회사 신입사원으로 들어가 연수중 어떤 선배 강사님의 동기부여 강의를 듣고 나서 그 강사님을 찾아가 어떻게 하면 저도 나중에 강사님 같은 멋진 강사가 될 수 있을까요 ? 용기 있게 물었던 적이 있다. 그 선배 강사님이 그때 일러준 대로 하나 하나 준비하다 보니 어느새 나도 행복을 전하는 강사가 될 수 있었다.

셋째, 사람들과의 관계가 좋은 사람이 행복한 사람이다. 가깝게는 집안 식구들과 친척들 그리고 이웃이나 일터에서 만나는 동료, 상사, 선후배와 사이가 좋은 관계를 맺고 지내는 사람은 행복한 사람이다. 사람들과의 관계가 좋지 않은 사람은 자신만 불행한 것이 아니라 남들도 불행하게 만들게 된다. 대인관계가 좋은 사람은 표정이나 몸짓에서도 나타나고 대화중에도 주로 희망을 이야기 하고 칭찬 인정 격려 등 긍정적인 언어를 많이 사용하는 사람이다. 그리고 가급적 이미 행복하게 잘 사는 사람들과 자주 어울리며 그들의 삶을 본받으려 한다면 행복에 더 다가갈 수 있게 된다. 좋은 사람들과 잘 어울리기 위해서는 자기가 먼저 좋은 사함이 되는 것이 중요하다. 유유상종 이라는 말이 있듯이 사람들은 끼리끼리 어울리기를 좋아하는 습성이 있는데 내가 먼저 좋은 사람이 되어 있으면 저절로 좋은 사람들과 더 어울릴 수 있는 기회가 생기게 되므로 살수록 더 행복한 시간을 만나게 된다.

넷째, 남을 위해 시간이나 재능 혹은 물질을 베풀며 사용하는 사람이 행복한 사람이다. 자기 혼자만 잘 먹고 잘살겠다고 하는 사람은 행복의 크기가 그다지 크게 느껴지지 않게 된다. 가진 것이 작더라도 남을 위해 기꺼이 내어주고 베푸는 사람의 행복이 훨씬 큰 행복이 된다. 필자가 요즘 한 달에 한번 꼴로 교도소 강의를 하고 있는데 교도소 강의하고 나올 때마다 그 분 들 중 어느 한 분이라도 내가 전해주는 강의를 듣고 마음이 평화롭게 되거나 새로운 용기를 얻었다고 표현해 줄 때 강사로서 보람을 많이 느끼고 온다. 얼마 전 00 교도소를 찾았을 때에는 가족 상봉의 날 행사를 하고 있었는데 수용자 남편과 그의 아내 또 수용자 아들과 어머니 혹은 수용자 아버지와 딸이 한 장소에서 '감사로 행복한 세상 만들기'를 주제로 특강을 했었다. 강의 마지막 시간에 서로 가족끼리 감사를 표현하는 시간을 가졌었는데 상대방에게 감사를 표현하면서 눈물과 감동이 이어졌고 참 따뜻한 분위기가 느껴졌다.

다섯째, 자기가 좋아하는 분야 취미활동을 하며 즐기는 사람이 행복한 사람이다. 필자는 요즘 코치합창단 지휘를 하고 있는데, 마음이 잘 통하는 좋은 사람들과 음악으로 하나가 되어 감동을 만들며

행복에 빠지는 시간을 보낸다. 얼마 전 코치대회 행사장에서 '우리의 사랑이 필요한 거죠, 와 '아리랑'을 합창으로 부르면서 멋진 추억을 같이 만들고 서로 기뻐한 적이 있다. 마음을 알아주는 좋은 가사에 감성을 자극하는 아름다운 멜로디, 거기에다가 혼자서 부르지 않고 화음을 맞추어 같이 합창을 하다보면 세상 근심 걱정은 모두 잊게 되고 행복하게 세상을 사는 맛을 알게 된다.

여섯째, 감사를 잘 표현하는 사람이 행복한 사람이 행복한 사람이다. 행복해지는 연습중 하나가 감사를 써 보는 것이다. 감사한 것을 쓰고 읽고 나눌 때 행복의 깊이가 더 깊어진다. 필자는 3년 전부터 매일 저녁 잠자리에 들기 전 그날 있었던 일을 생각하며 5개의 감사 일기를 쓰는 습관을 가지고 있다. 중간에 감사가 잘 떠오르지 않는 날에도 '아무 탈 없이 하루를 보내게 되어 감사합니다. 또는 다소 불편한 상황에서도 더 나빠지지 않음에 감사합니다.' 로 마음을 잡으면서 쓰다 보니 이제는 자연스럽게 습관이 되어 버렸다.

하늘은 스스로 돕는 자를 돕는다. 꿈을 실현하는 과정에서 꼭 체크할 것이 있다. 자신의 꿈이 내 욕심만 채우는 꿈이 아니고 세상도 원하는 바람직한 꿈인가?

비전경영연구소 최용균 www.visionpower.or.kr

음악 & 행복한 성의 소통

최현숙 원장

Profile

- 사랑의기술 원장 / kbs주부가요열창 수상
- 음반제작 가수 활동 mbc. kbs . sbs. i-net. 라디오 방송 출연
- kbs 강이되어만나리 OST 눈물같은 사랑 / 가요와 스토리텔링 강사20년
- 라이온스 354-A 2부회장역임, 공로상, 감사패 / 한국강사은행 음악석좌교수
- Music & sex Therapy(사)행복한성 교육이사 / 고려대 명품 CEO 최고의 과정 지도교수
- 도전한국인상 수상 / 대한민국 CEO 독서 대상 수상
- 저서:찜질방슈퍼스타되다 / 공저:비워라! 즐겨라! 미쳐라! 외

음악 & 행복한 성의 소통

사랑의기술 원장 **최 현 숙**

남녀의 "뇌"를 알면 행복해진다

　중요한 이야기의 구성요소는 "경험"이다. 우리는 대우주로터 형성되어 소우주인 부모와 자녀로 우연한 관계에서 태어난 존재로 살아가고 있다. 우주는 둥글다. 우리는 둥근 세상에서 사각형 틀 안에 있지 않은가? 집안에 있는 많은 것이(식탁, 책상, 유리창, 장롱, 가방 등) 사각으로 모서리에 예민해지고 신경이 날카로워지는 것은 당연하다. 1년 365일, 1개월 30일, 하루 24시간, 1시간 60분, 1분 60초, 이렇게 짜여진 시간 안에 있다. 즉, 인간은 시간의 틀 안에서 살고 있는 것이다. 그러나 즐기는 사람이 행복하다고 천문학자이자 문화 인류학자인 앤서니 애브니(Anthony Aveni)의 주장이다.

Aveni에 의하면 시간은 바로 음악이고 리듬이며 길이고 면으로 나누어지는 끈이며 과거를 회상하고 미래도 예상하는데 사용하는 틀이라고 규정하듯이 음악으로 인해 치료와 치유는 물론이고 동물과 식물에게도 많은 영향을 미친다는 실제와 결론으로 과학적 근거도 나와 있다. 저자는 20년 동안 노래를 즐기며 가슴속까지 저며오는 오르가즘과 흥분으로 삶의 동기부여 되는 것은 물론이며, 새로운 인생길이 된 터닝 포인트 경험에 의한 글을 쓰고 있다.

저자가 좋아하는 정신분석학자 프로이트는 칼 융 등의 학자들에게 비판을 받으면서도 자신의 주관을 지켜왔으며 지금의 프로이트의 성 욕설은 많은 학자들이 인정하며, 결국에는 프로이트로 인해 리비도(Libido)형성을 알게 된 것이다. 리비도는 인간이 태어날 때부터 갖추고 있는 본능 에너지를 뜻한다. 인간은 부부의 결합으로 우연하게 남, 여로 태어나는 순간 세상에 태어난 신호로 응애~~ 하고 소리를 내기 시작한다. 인간의 모든 건설적 행동과 관련된 본능적, 생리적, 심리적 에너지를 표현하기 위한 삶은 이드(id) 자아(ego) 초자아(superego)가 형성된다. 0세에서 5세까지 엄마의 젖가슴을 입으로부터 빨기 시작하여 리비도는 전신으로 형성되며 5세 이후의 잠재기 이후, 사춘기가 되면 본능으로 욕구가 시작되며, 어릴 적 상처에 억압이 되면 성장과정에 정신적 장애가 오기도 한다. 인간은 성욕구와 공격욕구, 식욕구,

그리고 오감을 느끼게 된다. 자아가 발달되며 억압과 억제의 방어 기제 능력이 생기게 된다. 사랑을 알게 되고 애증도 알게 되며 봄·여름·가을·겨울의 변화처럼 우리의 정신적인 심리도 주기적으로 바뀌게 된다. 그래서 음과 양을 찾게 되고 많은 관계를 형성하게 되는 로드맵(Roadmap). 그러나 "인생은 꼭 계획대로만 되지 않는다."

사랑이 없다면 예술이 가능하기나 했을까?

영화, 뮤지컬, 라디오, 소설, 놀이동산, 미술관 심지어 마사지 숍 등 어느 곳에 가도, 소리, 리듬, 멜로디, 사랑 또한 음악과 함께 하고 있다. 음악이 없으면 무의미 하지 않은가? 더불어 사랑도 즉, 섹스도 마찬가지다. 사람들은 사랑이 무엇이냐고 물어보면 딱히 대답을 못한다. 그러나 섹스가 무엇이냐고 물어보면 쑥스러워하면서도 대답은 한다. 원리는 같은 것이다. 즉, 예술이라고도 한다.

영국의 전자 음악가이자 음악이론가인 브라이언 이노가 흥미롭게도 예술작품을 왕성하게 창작하는 예술가들 역시 사랑과 섹스가 아니었다면 그처럼 왕성한 활동을 하지 못했을 것이라고 얘기 했고, 링고스타 비틀즈는 하루 일곱 명의 여인과 동침하여 좋은 가사와 멜로디로 노래를 만들었다고 한다. 즉, 호랑이를 알려면 호랑이 굴에 가보아야 한다는 것이며, 경험하지 않으면 말을 하지 말라는 것이다. 사실 섹스 에너지가 예술 창작의 원동력이 된다는 주장은 그다지 새로울 것도 없다. 100년 전, 정신분석학의 창시자 지그문트 프로이트는 '승화'라는 개념을 통해 인간이 예술과 과학에 몰두하는 이유를 설명한 바 있다. 그의 이론에 따르면, 인간이 예술과 과학 분야에서 끊임없이 창조력을 발휘하는 이유는 성적 에너지가 왕성한 반면 에너지 발산을 예술로서 대리 승화 시킬 수도 있다는 것이다.

음악이 인간(동물)과 식물에 어떻게 영향을 주는가?

동물에게 음악을 들려주면 알껍데기가 단단해지고 많은 양이 생산되고 성장속도가 빠르고 또한 육질도 쫄깃하다는 연구 결과다. 식물에도 귀가 있는가? 음악은 파동이 있다 저주파 2000Hz 명랑한 음악 새소리 물소리 바람소리 섞여진 창작음악으로 성장한다. 그러나 소음이나 록음악은 오히려 발아를 방해 한다고 한다. 호박에게 헤비메탈 음악과 클래식 두 종류 들려주었더니 헤비메탈 음악을 들은 줄기와 호박은 윤기가 없으며, 줄기가 반대방향으로 자라는 반면 클래식이나 조용한 음악을 들은 호박은 윤기가 나며 줄기는 소리 나는 스피커를 감고 있더라는 실험결과다. 농촌진흥청 농업과학기술원 이완주 박사는 음악으로 인해 빨리 자라게 하는 것은 물론 해충을 없애는 효과도 밝혀졌다고 했다.

인간에게도 우울증 치료와 스트레스, 정신장애, 심리장애 환자들에게 어떤 음악이 필요한지는 환자에 따라 틀리지만 신나는 음악이라고 해서 마음에 동기를 부여 하고 조용한 음악이 자신을 우울하게 한다는 고정관념은 벗어야 한다. 한 가지만 예를 들면 우울증

환자들일수록 조용한 음악, 클래식이나 그린음악으로 치유되며, 스트레스를 많이 받을 때는 순간이기 때문에 신나는 음악으로 가능하다는 예를 들어 본다. 흥분 호르몬 증가로 뇌파에서 감마파와 베타파로 증가되면서 폭발하게 된다. 음악은 이환의 효과로 심신을 편안하게 해준다.

음악과 섹스는 동질의 원리다

카타르시스(catharsis)는 정화 즉, 불안감 긴장감 따위가 해소되고 정화되는 현상이다. 아리스토텔레스는 심리적 마음에 좌절, 슬픔, 고민 등을 순화시키는 울적한 중압감에서 해방되는 즉, 클라이맥스를 고조시켜 마음을 정화한다는 것이다. 음악과 섹스는 비언어 소통이다. 너도 모르고 나도 모르지만 눈빛과 몸짓 그 어떤 행동에서 서로가 무엇을 원하는지 알게 된다. 마주보는 눈빛으로 몸짓, 손끝으로 서로를 터치하며 호흡으로 감싸 안아주며 밀착되어 둘이 하나가 될 때 오르가즘으로 전의되고 클라이맥스로 고조되어 더 이상 행복할 수 없어 음악으로 연주해본다. 그때 도파민이 분비되고 촉진되며 뇌가 영역활성화되어 기분이 좋아진다. 여기서 음악과 섹스의 동질의 원리를 알아보자.

음악에서 ≫사법.오치, 오감 ⇔ 부부 행복한 순간≫ 육희 육보

음악에서 크레센도(점점 세게)/데크레센도(점점 약하게)/

리타드란도(점점 느리게)/악첼란도(점점 빠르게)/피네(Fine)(끝마침)

이듯이 남자 음역과 여자 음역이 다르다.

사법을 말하면 호흡/발성/가창/기교, 섹스에도

여자는 착(窄)/온(溫)/치(齒)/요본(瑤本)/감창(甘唱)/속필(速畢)

남자는 앙(昂)/온(溫)/두대(頭大)/경장(莖長)/건작(建作)/지필(遲畢)

또한 구(九) 천(淺). 일(一). 심(深) 과 약(弱).입(入).강(强).출(出)로 리듬을 타보자. 어찌 음악과 섹스를 융합이라고 하지 않을 수 있겠는가?

호흡조절로 심폐 기능향상과 체중감량에 도움이 되며 혈관을 팽창하게 만들어 혈액순환을 도와주고 신진대사를 촉진해 몸의 노폐물을 제거하고 콜레스테롤 낮추고 몸에 좋은 고밀도 지단백(HDL) 콜레스테롤 수치를 높이는 효과도 있다. 통증을 완화시켜주고 면역력을 강화시켜주며 노화방지와 미용에도 좋다. 특히, 괄약근 운동으로 남성은 전립선, 여성은 자궁질환에 건강을 주게 된다. 또한, 다이어트 중에는 노래 다이어트와 섹스 다이어트가 도움 된다고 많은 사람들이 알고 있으며, 음악과 행복한 성생활로 가정과 사회에도 자신감과 밝은 삶을 살아가는데 많은 도움이 되며, 대인관계가 좋아지고, 부부가 소통되어 더 이상 어떤 행복이 필요 할까? 심리적으로 여유로워지며 우울증이 해소가 되며 치매예방이 된다. 카타르시스 효과라고 볼 수 있다.

세월이 흐르면 갱년기라는 놈이 찾아온다. 여자만 있는 것은 아니지만 남성보다 여성이 더 심한 편이다. 작은 일에 눈물이 나오고 짜증도 나는데 그것은 호르몬과 관계에 있다. 남성호르몬 테스토스테론이 저하되면 마음이 작아지고 여려지며 눈물이 많아지고 에스트로겐 호르몬이 저하되면 남성적이 되고 부부의 관계가 소원해지면서 마음에 썰렁함을 느끼며 우울해진다. 남성과 여성의 인지능력과 공간지각능력이 떨어지게 된다. 하지만 어휘와 언어능력에서는 20대들보다보다 더 높다. 갱년기가 되면 모든 능력이 떨어진다고 착각하는데 오히려 인지와 지각능력은 더 좋아진다고 한다.

인간이 종족번식에서 자유로워지고 타인에 대한 공감능력을 갖춘 이상적 능력을 가지고 있다. 사랑의 호르몬을 최대화할 수 있는 것은 엔돌핀, 도파민, 옥시토신, 호르몬을 많이 배출해야 한다. 부부는 음과 양의 교감을 지식·기술·훈련해야 하며, "남녀의 뇌를 알면 행복해진다." 부부는 타이밍도 중요하다. 늘 설레는 말을 하루에 세 번씩 만이라도 시작해본다. 예를 들어 가장 쉬운 말부터 "오늘 따라 당신이 너무 섹시해보여!" "당신, 오늘 센스 100점이야." "멋진 남자야!" 이런 말들이 신경물질을 자극하게 한다(좋은

씨가 좋은 땅에 심어져 좋은 때를 만나 누군가에 땀의 결실로 맺어져 세상의 싹이 된다). 저자는 남녀의 생각을 바꾸어야 한다고 생각한다. 여자는 결혼해서 아이를 낳는 생산

공장이 아니다. 여성의 권위와 권리를 지켜야 한다. 100세 시대까지 즐기기 위해 기술을 익히고 수련하여 자신의 신비스러운 몸을 관리해야 한다. 자신의 몸을 얼마나 알고 있는가? 울혈이 차면 모든 스트레스와 질병이 오기 시작한다. 얼굴에는 화장하면서 정작 중요한 음부에는 화장할 줄 모른다. 아마 처음 들어보는 말일수도 있다. 노래도 어느 가수의 노래가 아니라 나의 노래와 가사라고 생각하며, 느끼고 즐겨야 하며, 섹스도 의무 방어가 아닌 나를 위해 느끼고 즐겨야 한다.

사람들은 성에 대한 이야기를 하면 계면쩍게 생각하고 추하게 생각하는 경우들이 많지만 그러면서도 궁금해 하는 강의가 성교육이다. 예방만 한다고 되는 것이 아니라, 왜? 소중히 해야 하는 지를 가르쳐주어야 한다. 시대는 변화하는데 우리들의 닫혀있고 숨겨져 있는 성문화... 생리적 의무에 방치하지 말고 열려있는 문화, 음악의 한류문화처럼 성에도 추접하지 않고 현실적이고 미래지향적인 아름다운 행복한 가정을 이루는데 기여할 수 있는 프로그램이었으면 한다.

궁금한 사항이나 문의는 010-9018-5953/E-mail:chs590513@ hanmail.ent로 주시면 자세한 상담과 안내를 해드려 당신의 행복한 몸과 마음에 도움을 드리고자 한다.

비우고 즐기는 비전의 삶

한광일 총재

Profile

- 국제언론인연합회 공동대표
- 한국열린사이버대학교 석좌교수
- 미국 콩코디아국제대학교 교수
- 한국강사은행, (사)국제웃음치료협회 총재
- KBS, MBC, SBS 및 외국방송, 명사특강 8,500회
- 웃음치료사 1410기 5만명 양성, 무료웃음치료 900회 진행 중
- 웃음치료, 스트레스치료법, 한국의 명강의 등 30여 권 저술

비우고 즐기는 비전의 삶

(사)국제웃음치료협회 총재 **한 광 일**

1. 독자들을 위해 본인 소개를 부탁드립니다.

안녕하세요? 힐링지도사, 웃음치료사, 소통지도사 5만 명을 직접 양성한 한광일교수입니다. 웃음치료, 스트레스치료법, 이기는 펀리더십 등 스테디셀러 30권의 저서와 KBS, MBC, SBS, 미국, 독일, 체코 방송 및 전국 기업, 학교 등 명사특강 8,500회를 달성하였습니다. 고등학교 재수생, 퇴학생이 연세대 석사, 서울대 박사수료, 국내 최초의 한국열린사이버대학교(누적수강생 170만명)의 석좌교수로 활동하고 있습니다. 언론사와 네이버, 다음 인터넷에서 기사, 이미지, 동영상 등 4만 건이 조회되는 등 치열하게 현장에서 활동하고 있습니다. 앵콜이 없는 강사는 강사가 아닙니다. 웃음과 감동이 넘치는 강연콘서트를 하고 있습니다. 지난날 문제학생이었지만 사회복지사, 명강사, 스타교수로 거듭나게 된 계기는 늘 무대 위에서 마이크를 잡고 싶었고, 특히 힘들고, 어렵고, 병들고, 가난한 사람들을 위해 "할 수 있다"라는 자신감과 비전을 주고 싶은 욕구가 강했기 때문입니다.

최근에는 900회 무료 웃음치료콘서트를 진행했습니다. 한국강사은행 총재로도 활동하며, 세계 최초 웃음치료사 창시자로서 재능기부를 국제웃음치료협회 강당에서 11년째 진행하고 있습니다. 봉사활동은 예전부터 시작되었습니다. 국제구호기관인 월드비전 소속으로 서울과 성남의 빈민촌에서 사회복지사로 '사랑의 빵 나누기(식빵 모양 저금통)' 9년간 활동을 했었고, 서울역광장에서 노숙인 대상으로 얼굴 미용마사지와 자장면 파티, 20년전 성남의 백화점에서 이벤트를 하여 남은 수익금으로 추석전날 독거노인 100명에게 10만원씩 넣은 저금통장을 선물한 기억도 있으며, 지금도 무료로 큰 공익 이벤트를 많이 주최하고 무료로 자격증 교육과, 본인이 쓴 신간저서도 팔지 않고 수만 권을 선물하기도 하였습니다.

특별히 웃음을 활용한 강사로 열심히 하고 있는데 예전에는 레크리에이션 강사가 꿈이어서 열심히 기타를 연주하며 활동했었죠. 기타를 메고 레크리에이션강사를 할 때는 장비와 장소 등 물리적인 면이 많이 작용했는데, "웃음이 레크리에이션보다 더 심신과 지덕체의

조화에 효과적이고 장소와 도구에 상관없이 쉽게 할 수 있다."라는 생각에 웃음치료를 만들고 웃음치료사를 만들어 특허를 낼 정도로 독보적인 활동을 하게 되었어요. 그동안 웃음치료사, 레크리에이션지도사, 소통지도사를 1410기를 교육할 정도로 많은 지도자를 양성하였습니다. 그리고 서울대, 연대, 고대, 제주대, 경남대, 순천대 등 200여개 대학교의 최고경영자과정의 특강과 중앙부처와 시군구, 공사기관, 삼성, 현대, 엘지, 포스코, SK 등 수천여개 관공서와 기업에서 리더십, 힐링소통, 주인의식, 즐거운 직장 등의 특강을 진행하고 있습니다.

2. 웃음이 갖는 힘에 대해 말씀해 주십시오.

80세 어르신의 인생을 회고하여 보았더니 잠 26년, 일 21년, 식사 6년, 기다림 6년, 웃는데 시간을 보낸 것은 겨우 10일(1일 30초 가정,80년간) 이었습니다. 최근 젊은 청년들의 정자수가 30%가 감소하고, 10명중 4명은 비정상적인 정자이고, 처녀들이 조기폐경을 한다고 보도된바 있습니다. 이것은 환경오염으로 면역체계의 이상 때문에 그런데, 웃으면 면역력이 쑥쑥 올라갑니다. 의사들의 아버지 히포크라테스는 지구상의 최고의 의사와 치료법은 면역이라고 하였습니다. 역설적으로 찰리채플린은 80세에도 아기를 낳았습니다. 100살에 낳은 이삭의 이름은 웃음이라는 뜻이고, 피카소는 80살에도 매일 밤 플라멩고를 즐겼는데 웃음의 효과를 보았습니다. 옛날 우리 임금들은 웃음내시를 두었고, 1백 년 전에는 새의 깃털로

환자를 간지럼 태워 치료했습니다. 크게 1번 15초만 박장대소해도 최하 200만원어치의 엔돌핀, 엔케팔린, 도파민, 세로토닌 등 21가지의 호르몬이 나옵니다. 1일 15초만 크게 웃어도 2일을 더 삽니다. 성인들이 1일 7번 웃는데 아이들은 400번 웃는다. 그래서 아이들이 오래 사는 것일까?(하하하) 억지웃음도 90% 효과가 있습니다.

박장대소와 요절복통으로 웃으면 650개 근육, 얼굴근육 80개, 206개 뼈가 움직이며 에어로빅을 5분동안 하는 것과 같습니다. 웃으면 산소공급이 2배로 증가하여 신체 등이 시원해짐과 또한 즐거운 활동이 기억력에 좋다는 임상결과도 있습니다. 웃으면 자신감이 생기고, 생활에 활력이 솟구치고, 늘 긍정적인 상상을 지속할 수 있습니다. 본 웃음센터와 방송사의 실험에서 웃고 있는 동안에는 10-20% 힘이 증가, 생체나이가 6-7년 줄어들고, 유연성이 10%증가한다고 결과가 나왔습니다. 웃음에 관한 국제학술대회가 스위스 바젤(98.10.9)에서 열렸는데 이 회의에서 독일인 정신과 의사인 미하엘 티체박사는 웃음이 스트레스를 진정시키고, 혈압을 낮추고, 혈액순환을 개선하고, 면역체계와 소화기관을 안정시킨다고 하면서 그 이유는 웃을 때 통증을 진정시키는 호르몬이 분비되기 때문이라고 말했습니다. 혼자 웃을 때 보다 여럿이 함께 웃으면 33배 효과가 있습니다. 잘 웃으면 8년을 더 살 수 있으며 늘 감사하고 칭찬하고 긍정적으로 살면

6년을 회춘한다고 합니다. 여자가 남자보다 더 오래 사는 이유는 자주 웃기 때문입니다. 얼굴이 굳어있거나 깊은 고민에 빠지는 사람은 수명이 짧습니다. 서양속담에 "웃음은 내면의 조깅이다" 웃음은 동서양을 막론하고 묘약이며 명약이라 말합니다. 아무리 '명의'라 하더라도 의사가 고칠 수 있는 병은 20%에 지나지 않는다고 합니다. 그러니 이러한 '통합의학'이라고 할 수 있는 웃음을 활용하면 치료에 큰 도움이 될 것입니다.

3. 펀경영을 통해 실제 경영성과가 높게 나타났던 기업 사례가 있다면 소개해 주십시오.

웃음이 넘치는 조직에서 생산성 향상 효과가 있다고 캐나다에서 실시한 연구결과가 있는데 직원의 사기가 15% 올라가면 생산성이 40% 향상된다는 보고서가 있어요. 일본에서 연구한 결과는 웃는 직원과 웃지 않는 직원을 비교해 보았더니 웃지않던 직원은 불만, 의료비, 산재, 노사분규 등이 30% 증가했고, 웃는 직원은 매출이 30% 증가한 결과가 나왔어요. 지금 현재 대한민국 국민들이 가장 많이 사용하는 단어가 스트레스입니다. 이것 때문에 우리 회사의 매출 10% 손해를 본다는 보고서가 있어요. 대한민국 기업의 직원들이 일의 흥미도, 만족도는 세계 꼴찌로 나왔어요. 스트레스를 치료해야 기업, 국가가 잘되는 것이죠. 삼성그룹이 25년 동안 39배의 성장을 이뤘는데 미국의 제너럴일렉트릭의 전 CEO 잭웰치는 20년 재임기간 60배를 이루고 나서 한 말이 "나는 즐겁게 일하고 즐겁게 놀았다."라고 유명한 말을 했지요. 웃음은 직장의 소통의 윤활유이고, 생산성이고 경쟁력입니다.

편경영을 통해 성공한 기업들도 많이 있어요. 스타벅스, 아모레퍼시픽, 신세계, 태평양, 다음, 모토롤라, SK텔레콤, 총각네야채가게, 히딩크감독 수많은 회사들과 유명한 사장님들의 호칭파괴, 직급파괴를 통해 사원이 사장님, 이사님, 상사님들이라고 부르지 않고 미스터, 미스, 님자로 통일해서 불렀더니 오히려 인격적인 분위기가 형성되어 매출이 30~40% 늘었다는 회사가 많습니다. 각 직장에서 호프데이, 와인데이, 운동데이, 생일데이, 막걸리데이, 사우나데이, 칭찬데이, 프리데이(근무복자유, 무결재, 가정봉사데이), 문화영화연극데이, 저희 웃음센터는 삼겹살데이, 홍어데이, 당구장데이, 클럽데이를 가끔 합니다. 직원들의 사기를 높혀주면 회사의 가치도 함께 올라가죠. 편경영의 실천운동으로는 웃음회의, 칭찬회의, 편경영 워크숍, 칭찬대회, 웃음대회, 운동회, 야유회, 축제, 송년회 개최하면 업무 능률이 오르고 즐거운 일터를 만들 수 있습니다. 특히 기업을 이끄는 CEO들에겐 이런 한순간의 위트와 재치는 그룹의 성패를 좌우하는 경제적 가치를 지니기도 합니다. 음식점에서는 유머스러운 점포명 하나가 수천·수만 장의 홍보물보다 더 위력이 있고 또 취업난 속에서는 수천 대 일의 경쟁을 뚫는 든든한 위력을 발휘할 수도 있습니다. 요즈음 입사면접시험으로 박장대소와 유머를 해보라는 기업도 있습니다.

4. 편경영의 효과에 대해 어려운 시기, 억지웃음도 효과가 있나요.

1929년 미국에서 큰 경제공항이 왔을 때, 독일이 1,2차 세계대전으로 시민들이 4천3백만 명이나 사망했을 때 제일 먼저 한 일이 레크리에이션운동이었어요. 어려울수록 더 신나게 일해야 합니다. 사실 일생을 살아가다 보면 고통이 크면 클수록 기쁨이 더욱 크다는 경험을 하는 경우가 많은데, 즉 손바닥만 뒤집어 보면 그곳에 행복과 웃음, 기쁨이라고 쓰여져 있거든요. 또 티벳의 달라이 라마는 '성공은 보람이지만, 실패는 교훈이다'라고 하지 않았던가? 우리가 바라보는 관점에 따라 운명도 얼마든지 바꿀 수 있는 법입니다. 고통과 실패가 클수록 웃어야 합니다. 웃기 때문에 복이 옵니다. 웃기 때문에 건강하고 성공하고 행복해지는 겁니다.

즐거운 직원이 행복한 직장을 만들고 행복한 직장이 고객을 감동시킨다는 것입니다. 모든 문제는 나에게도 있고 답도 나에게도 있다는 것으로 깨닫고, 내가 망가지면 직원들과 고객들이 웃게 된다는 것입니다. 웃음도 습관이에요. 웃음을 습관으로 만들기 위해서는 매사에 감사하고 긍정적이고 낙관적이고 노력하는 맘이 중요해요. 즐기면서 최선을 다하고 만족하는 마음이 중요하죠. 개미와 뇌를 쓴 작가 베르나를 베르베르는 가장 똑똑한 뇌는 지금, 현재 여기서 만족하는 뇌라고 했어요. 지금 나의 태도는 어떠한가? 열심히 주어진 일에 최선을 다하고 있는가? 그리고 만족하고 있는가?

늘 주어진 일을 피하지 않고 즐기고 그리고 만족할 줄 아는 직원들이 많을수록 회사의 장래가 달려있어요.

5. 한광일교수의 강연메세지

걱정하고 피하고 지치면 집니다. 설레고 즐기고 미치고 웃으면 이깁니다. 비워라! 즐겨라! 미쳐라! 포기를 포기하고 성공을 성공시키는 힘은? 지금 바로 긍정의 힘으로 신나게 열심히 일하는 여러분이 진정한 챔피온입니다. 바로 지금이 최선의 최고의 절정의 기회입니다. 고등학교 재수생, 퇴학생, 대학교 재수생, 학사경고생 등의 수많은 어려움속에서도 대학교 교수가 되었고, 그리고 또 대학교 교수도 집어던지고 서울역, 숭례문 광장, 남산 등에서 길거리 웃음강연을 통해 스타강사, 석좌교수가 되었습니다.

환경을 탓하지 마라. 가난하여 단무지 하나로 1주일 반찬으로 먹고, 수학여행 때 입장료가 없어서 입장을 못한 나, 주경야독으로 낮에는 직장생활, 밤에는 학생으로 공부했습니다. 매일 전국지역 200~300Km 이동하며 강연하면서 책도 30여권 출간했습니다. 시간, 학벌, 체면, 외모, 나이 등은 문제가 되지 않습니다. 노력이 중요합니다. 나 자신을 비우고 즐기고 미치면 반드시 성공한다는 놀라운 진리를 체험할 수 있기를 바랍니다.

2016年 대한민국 대표강사 22人

비전(Vision)

편   저 : 사단법인 국민성공시대

발 행 인 : 황대영

발 행 처 : 도서출판 성공시대

　　　　　TEL : (02) 554-9027

신고번호 : 제 2015-000035 호

발 행 일 : 2016년 12월 26일

ISBN 978-89-94089-23-2

　　　　가격 15,000원

【주식회사 성공시대】

강의 기획부터 출판,

교육 컨설팅 사업을 합니다.

TEL : O2 - 554 - 9O27